Saggi

FEDERICO RAMPINI

America

Viaggio alla riscoperta di un Paese

SOLFERINO

SOLFERINO

www.solferinolibri.it

Pubblicato in accordo con S&P Literary –
Agenzia letteraria Sosia & Pistoia

ISBN 978-88-282-0909-6
Prima edizione: giugno 2022

America

Introduzione. Che cosa pensate dell'America?

Di sicuro avete un parere. Tutti pensano qualcosa dell'America. Anche chi non c'è mai stato. Soprattutto chi la conosce poco ha opinioni molto forti in proposito: ammirazione estrema oppure ostilità, disprezzo, paura, orrore.

Malgrado il suo relativo declino, l'America rimane troppo importante, sentiamo che bisogna conoscerla. Magari ci illudiamo di saperne tanto, solo perché ci abbiamo passato qualche vacanza. Oppure perché la vediamo di continuo nelle serie televisive, nei film. Ascoltiamo musica, leggiamo romanzi che vengono da qui o raccontano storie ambientate nella società americana.

È utile conoscerla davvero, l'America. Sono nate in questo luogo tante cose che invadono la nostra vita quotidiana e decidono il nostro futuro. Per esempio i social network. Se il mondo ci sembra piccolo, se comunichiamo facilmente con amici che stanno a migliaia di chilometri, oltre un oceano, è perché delle tecnologie nate in America hanno conquistato il pianeta.

Quando ebbe inizio la mia vita americana, al passaggio del millennio, si stava consolidando un «ordine mondiale» noto come globalizzazione, e che era stato concepito soprattutto dalla classe dirigente americana. All'epoca io abitavo in uno dei laboratori di quell'esperimento: a San Francisco, nella tecnopoli che è la capitale della Silicon Valley. Attratti dalla prima rivoluzione digitale, passavano di là degli italiani che dopo un breve soggiorno erano convinti di avere capito tutto, e al loro ritorno in patria spiegavano perché internet avrebbe reso il mondo migliore. Gli stessi ingenui ammiratori dell'universo digitale made in Usa, vent'anni dopo, si sono convertiti a visioni apocalittiche e distopiche. L'ordine mondiale americanocentrico è entrato in una crisi profonda, ma quelli che vogliono abbatterlo non hanno le idee chiare su ciò che dovrebbe sostituirlo. Né Pechino né Shanghai hanno ancora surclassato New York, San Francisco e Los Angeles come luoghi dove si elabora un nuovo progetto universale. L'«American dream» è pieno di buchi, alcuni ormai lo descrivono come un incubo, pur tuttavia non hanno un sogno alternativo da proporre.

La parlata degli americani – che continuiamo a chiamare inglese, anche se non è la stessa che si sente a Londra – è l'unica lingua franca praticata nel mondo intero, ivi comprese quelle potenze rivali che vogliono soppiantare il ruolo degli Stati Uniti. È difficile muoversi nel mondo, o trovare un lavoro in Italia, senza parlare inglese. Quando ero bambino a Bruxelles, dove sono cresciuto, la Francia nutriva ancora il sogno di un'Europa francofona; oggi nelle istituzioni dell'Ue si parla inglese. I piloti che parlano con le torri di controllo, gli astronauti nella stazione orbitale internazionale, gli scienziati nucleari al Cern di Ginevra fra loro non parlano né mandarino né spagnolo.

Tanti giovani italiani vengono in America a completare i loro studi, oppure sperano di riuscirci. Alcuni ci restano anche dopo, a lavorare. Le università di qui hanno fama di essere le migliori del mondo; però è difficile entrarci, e sono molto care.

Un'altra ragione per cui l'America è importante: è la più antica fra le democrazie moderne. Nacque nel 1787 con un'idea dei diritti e delle libertà abbastanza simile a quella che noi abbiamo oggi; però all'inizio quei diritti e quelle libertà erano limitati ai maschi bianchi, le donne e i neri erano esclusi. La Rivoluzione francese, ispirata da quella americana, accadde due anni dopo. Quei Paesi che oggi si definiscono democratici, come l'Italia e i suoi vicini europei, oppure il Giappone e la Corea del Sud, hanno spesso avuto l'America come modello, che lo volessero o no. L'India e la Germania, rispettivamente la democrazia più popolosa del pianeta e la più grossa d'Europa, hanno adottato il federalismo come gli Stati Uniti. Eppure quasi nessuno vuole riconoscere la primogenitura americana. Gli europei, fieri della loro storia antica, si vergognerebbero ad ammettere che la democrazia l'hanno costruita solo dopo una nazione giovane e «artificiale».

L'immagine del sistema politico americano è stata distorta da molte crisi: presidenti assassinati come Lincoln e Kennedy; un presidente deposto per aver fatto spiare illegalmente i suoi avversari (Nixon, caso Watergate, 1974); due processi per impeachment o interdizione ai danni di Bill Clinton (scandalo sessuale Lewinsky e spergiuro, 1998) e di Donald Trump. Quest'ultimo è un caso assai raro di un presidente che non ha mai riconosciuto la legittima vittoria del suo successore; con un comizio irresponsabile eccitò alcuni dei suoi sostenitori che diedero l'assalto al Congresso il 6 gennaio 2021. Eppure potrebbe tornare a candidarsi.

In Italia spesso il giudizio sull'America oscilla seguendo le preferenze politiche di chi parla: se sei di sinistra è un Paese meraviglioso quando lo governa Barack Obama per poi diventare un inferno sotto Trump. E viceversa, se sei di destra. Ma nessuno la prende veramente come un modello: non esistono progetti per trasformare l'Italia in una repubblica presidenziale; né il sistema elettorale Usa ispira imitazioni.

Ci sono ragioni profonde per cui viene considerata, da molti, un modello negativo. Siccome rimane la nazione più ricca e più potente del mondo, con eserciti e basi militari su ogni continente, la si può definire un «impero» (sia pure senza le colonie degli imperi tradizionali). Nella storia, dai tempi antichi fino a oggi, i popoli soggetti alle potenze imperiali hanno spesso nutrito dei sentimenti misti: ammirazione o soggezione verso il centro dell'impero; invidia, risentimento, voglia di ribellione per liberarsi dal dominio.

La guerra in Ucraina ha riportato alla luce del sole i giacimenti profondi di antiamericanismo che sono sempre esistiti in Italia. Nonostante l'aggressione della Russia a un popolo indipendente, per una parte consistente dell'opinione pubblica italiana la colpa anche in questo caso è dell'America, come sempre. Lo stesso riflesso automatico scattò l'11 settembre 2001, quando tanti cercarono «le colpe dell'America, che se l'è meritato», scatenando l'urlo di condanna di Oriana Fallaci che divenne il libro *La rabbia e l'orgoglio*. Qualcuno s'inventò perfino delle teorie del complotto per cui l'attacco dell'11 settembre lo avevano orchestrato gli americani, e ci crede tuttora. La ricostruzione dei fatti non è mai veramente rilevante. Con l'invasione russa dell'Ucraina si sono risvegliate le ostilità di principio che distinguono varie tradizioni politiche italiane: fu antiamericano il fascismo, lo fu il comunismo prima della svolta pro Nato di Enrico Berlinguer (1977), lo fu una parte del cattolicesimo che non ha mai perdonato al premier democristiano Alcide De Gasperi di aver ricostruito l'Italia con i soldi del Piano Marshall, cioè gli aiuti dell'odiata potenza angloprotestante. Del resto, alcuni papi di fine Ottocento e del primo Novecento attaccavano i cattolici americani perché troppo liberali o «modernisti». Ma, come vedremo nella conclusione, c'è una corrente «antiamericana» perfino nella cultura politica degli Stati Uniti.

L'America, dai tempi dei nostri nonni, ha esportato i suoi prodotti simbolo nel mondo intero: cominciò con la Coca-Cola e i jeans, per passare agli iPhone, YouTube e Amazon, Facebook e Google, Netflix e Zoom. Per questo un'altra corrente di amore-odio è sempre stata legata al consumismo. Per trovare un esempio originario del disgusto europeo verso la società americana si può leggere quel tenebroso capolavoro letterario che è *Viaggio al termine della notte* di Louis-Ferdinand Céline, pubblicato nel 1932. Prima ancora di diventare un sostenitore entusiasta del nazismo tedesco, il romanziere francese descrive il suo arrivo a New York in termini raccapricciant. L'America di cent'anni fa per lui è un condensato di tutti i mali della modernità: materialismo e dittatura del profitto, sfruttamento del proletariato industriale, abbrutimento delle masse operaie costrette a vivere in città-dormitorio degradanti. Il sogno americano lo denuncia come una beffa infame. Céline, che diventerà un intellettuale simbolo dell'estrema destra europea, anticipa temi ricorrenti anche nell'antiamericanismo cattolico e comunista.

All'estremo opposto, c'è un vasto mondo che ammira l'America come la terra delle opportunità e della meritocrazia, dove chi ha talento può farsi strada, dove l'economia di mercato dispiega i suoi benefici. La schiera degli ammiratori è più diffusa nei Paesi emergenti, quelli che da decenni sono i serbatoi della nuova emigrazione verso gli Stati Uniti. Chi ha subito le vessazioni dello statalismo indiano e la corruzione della sua burocrazia si unisce ai profughi delle dittature comuniste o ai superstiti delle guerre civili nell'aspirare alle libertà economiche dell'America.

A questo secondo campo – gli ammiratori – è anche

stata «venduta» una teoria salvifica dell'americanizzazione. L'idea, cioè, che rendendo il mondo intero più simile al modello economico degli Stati Uniti, attraverso la globalizzazione, avremmo avuto la pace perpetua. «Non ci sarà mai una guerra fra due Paesi con i fast food McDonald's», quella celebre profezia del giornalista americano Thomas Friedman dopo la caduta del Muro di Berlino ha fatto una brutta fine. Ciò non toglie, tuttavia, che l'idea dell'America come nazione-guida del «mondo libero» sia tornata di un'attualità rovente proprio con l'aggressione di Vladimir Putin all'Ucraina. E il dinamismo economico fa parte delle attrattive di questo «mondo libero». Gli europei preferiscono pensare che la loro economia mista sia un modello di civiltà superiore, eppure la fuga dei cervelli dal Vecchio continente continua a indicare che l'America vince nella gara tra sistemi.

Alla riscoperta di un Paese

Questa nazione speciale è capace di creare e poi di esportare miti: valori e ideali, sogni o leggende. Per ognuno di questi c'è spesso la versione positiva e il suo rovescio. È la patria delle libertà, ci ha aiutati ad avere la democrazia in Europa quando eravamo sotto le dittature fasciste, naziste o comuniste. Però ha anche invaso tanti Paesi, dalle Filippine al Vietnam, dall'Afghanistan all'Iraq, spesso calpestando impunemente le leggi internazionali e perfino la propria Costituzione. Il sogno americano descrive una terra ricca di opportunità, dove chi ha talento può avere successo, dove i figli dei poveri possono diventare miliardari. È anche un Paese con diseguaglianze terribili, pieno di homeless. È la società più multietnica, con un alto numero di stranieri che si trovano a casa propria in America; eppure il razzismo non è affatto scomparso, anzi continua a mietere vittime. Ha delle università meravigliose, ma probabilmente un liceale medio in America è più ignorante del suo coetaneo italiano. Ha gli ospedali migliori del mondo, ma le cure mediche sono molto costose e non tutti se le possono permettere.

Vista da fuori, l'America sembra una nazione di immigrati: molti dei suoi abitanti sono arrivati di recente, sono figli e nipoti di stranieri. Io stesso sono un americano di acquisizione, sono diventato un cittadino degli Stati Uniti quando ero già adulto, essendo nato italiano. La società americana si è abituata a ospitare al suo interno delle identità multiple: ci si può definire italoamericano, irlandese americano, sinoamericano (di origine cinese), messicano americano. Però quando usiamo l'aggettivo «afroamericano», ci riferiamo a una realtà ben diversa: loro non sono immigrati, i loro antenati vennero quattro secoli fa come schiavi. E non è sempre facile la convivenza tra le varie comunità che compongono questa nazione così variegata. Intanto la composizione etnica sta cambiando, e porta l'America più lontano dall'Europa. Alla fondazione degli Stati Uniti la popolazione era a maggioranza bianca e di origine europea. Adesso i nuovi arrivati vengono soprattutto dall'America latina e dall'Asia. Vi racconterò alla fine la realtà di una vita meno multietnica di quanto si crede.

In questo libro voglio portarvi alla «riscoperta dell'America». Si dice che la prima volta per la popolazione bianca europea l'abbia trovata proprio un italiano; nel nuovo clima politicamente corretto dobbiamo vergognarcene, perché Cristoforo Colombo è equiparato a un Adolf Hitler, l'iniziatore di un genocidio. Non è vero: è uno dei tanti miti che dovremo correggere, via via che scopriamo come stanno le cose.

Potrete usarmi come una guida per viaggiatori, molto selettiva e tutt'altro che completa. La città dove abito, New York, giganteggia nei miei racconti. Come America alternativa ho scelto la Florida, perché è il laboratorio di un esperimento diametralmente opposto. Il mio racconto ha tante lacune, in compenso vi offro uno sguardo su questo Paese come può averlo solo chi ci vive da un quarto di secolo. Sono convinto che non puoi capire una nazione se non ci hai messo le radici in modo concreto: hai iscritto i tuoi figli a scuola, paghi le tasse e le assicurazioni obbligatorie, hai un medico locale e frequenti il sistema sanitario dall'interno, partecipi alle assemblee di condominio, sei stato convocato in tribunale come membro di una giuria popolare, usi i mezzi pubblici tutti i giorni, hai visto dall'interno un commissariato di polizia e lo sportello della Social Security. Finché ti mancano queste esperienze, resti alla superficie delle cose, vedi solo una facciata. Al tempo stesso, da italiano ho conservato una certa distanza, uno spirito critico verso il Paese che mi ha accolto. A voi posso quindi offrire uno sguardo sia interno sia esterno sull'America.

Quella vera, ripulita da pregiudizi e illusioni, non si lascia descrivere in poche formule stereotipate. Anche perché gli Stati Uniti non sono mai stati così *dis*uniti, le differenze da un angolo all'altro si sono dilatate negli ultimi anni. E in fondo la loro dimensione continentale giustifica la diversità. Nel territorio che occupano ci sono le stesse differenze climatiche, paesaggistiche, etniche e culturali che in Europa oppongono l'Islanda alla Grecia; il Portogallo alla Germania. Come distanze e fusi orari, gli Usa sono molto più vasti dell'Europa. E al tempo stesso, a differenza dell'Europa hanno una sola lingua (almeno ufficiale, con lo spagnolo che incalza), un solo presidente (anche se la metà degli elettori lo odia o lo disprezza, chiunque egli sia), una sola bandiera (anche se alcuni la tengono sempre alla finestra, altri la bruciano in piazza).

Noi europei abbiamo spesso considerato l'America una nazione senza storia. In realtà la sua democrazia è tre volte più vecchia di quella della Repubblica italiana. Inoltre è una storia che affonda le sue radici in tante altre – quelle delle civiltà indigene o degli schiavi africani; quelle delle nazioni europee o asiatiche che fornirono masse di immigrati.

La storia degli Stati Uniti è abbastanza complicata da trasformarsi in un terreno di battaglia fra opposte ideologie. Il pubblico europeo, anche colto, ha studiato poco la guerra d'indipendenza degli Stati Uniti, la guerra civile, il suo Ottocento che pose le basi di una superpotenza. Questa storia è più attuale che mai, ha conseguenze ben visibili: per esempio, è impossibile capire la diffusione delle armi tra gli americani, se non si studiano un po' la Costituzione e le sue origini.

La prima volta negli States

Comincio dal mio battesimo: la prima traversata *coast-to-coast* degli States, anno 1979. Avevo ventitré anni, ero al mio primo lavoro come giornalista nella stampa del Partito comunista italiano. Ero già un viaggiatore accanito, ma per varie ragioni l'Europa e perfino l'Asia avevano preceduto l'America nei miei itinerari. Non mi faceva velo l'ideologia, non ero gravato da pregiudizi antiamericani, anche perché due anni prima il leader del Pci, Enrico Berlinguer, in un'intervista a Giampaolo Pansa sul «Corriere della Sera» aveva pronunciato una frase storica: «Mi sento più sicuro stando nel Patto atlantico». Quella dichiarazione era condita da una serie di riserve e di critiche rivolte da Berlinguer all'amministrazione Usa, che era contraria all'ingresso del Pci nella maggioranza di governo. Però la clamorosa uscita di Berlinguer non era una mossa tattica per ingraziarsi la «potenza imperiale d'Occidente». Era la logica conseguenza del percorso che fu chiamato eurocomunismo, un graduale distacco da Mosca segnato da terribili tragedie come le aggressioni dell'Armata rossa contro Ungheria e Cecoslovacchia, e il colpo di

Stato in Polonia. Berlinguer si sentiva davvero più sicuro nella sfera d'influenza americana, anche se una parte della base comunista rimase filosovietica, e non ha digerito quella evoluzione neppure quarantacinque anni dopo. Tuttavia la svolta eurocomunista del Pci non era bastata a superare la Guerra fredda, che allora divampava, né a cancellarne le conseguenze sui moduli per ottenere i visti. Sì, allora non c'era la procedura semplificata Esta, un cittadino italiano doveva fare richiesta di visto anche per una semplice vacanza. Tra le domande a cui bisognava rispondere: «Sei mai stato iscritto al Partito comunista?». Io non solo ero un membro del partito, ma a Roma firmavo col mio nome articoli sulla sua rivista ufficiale, «Rinascita», un settimanale a cui di sicuro l'ambasciata Usa di via Veneto era abbonata. Eppure mentii, scrissi no, e la feci franca. Mi diedero il visto, liberandomi subito di un mito: l'efficienza della burocrazia americana. Anni dopo finì in frantumi un altro mito: «L'America ti può perdonare tante cose ma non la menzogna». A parte le bugie grosse di Clinton e Trump, anch'io, nel mio piccolo... Quando dovetti superare gli esami per la green card (residenza permanente) e infine della cittadinanza, mi fu consigliato di «emendare» il mio passato con una confessione. A ogni esame successivo quindi rivelai che ero stato comunista al mio primo viaggio del 1979 e non lo avevo dichiarato nell'apposito questionario. Le mie confessioni di ex bugiardo sono agli atti, custodite in due faldoni, sepolte in qualche archivio sotterraneo dell'Immigration Service. Non mi hanno castigato per quel peccato di gioventù. Siamo realistici: se davvero i controlli funzionassero alla perfezione, e se l'America fosse inflessibile nell'applicare le regole, come si spiegherebbe l'esistenza di undici milioni di clandestini sul territorio Usa? Una parte di quelli sono entrati col visto turistico impegnandosi solennemente a uscirne alla scadenza.

La mia traversata *coast-to-coast* del 1979 era nell'America di Jimmy Carter, presidente democratico, doppiamente sfortunato. Fu distrutto proprio quell'anno da due eventi esterni. La rivoluzione khomeinista in Iran, occasione in cui molti europei diedero sfogo al loro antiamericanismo esultando per la presa di ostaggi all'ambasciata Usa di Teheran, fece pagare a Carter errori non suoi. Gli Stati Uniti, con l'Inghilterra, per controllare il petrolio del Golfo avevano orchestrato un colpo di Stato in Iran nel 1953, la deposizione del premier democratico Mossadeq e la sua sostituzione con lo scià Reza Pahlevi. Dettaglio curioso: il responsabile di quel complotto nella Cia era Kermit Roosevelt, nipote del presidente repubblicano Theodore Roosevelt che all'inizio del Novecento fu il primo leader con una visione globale o «imperiale» degli Stati Uniti. Carter, che avrebbe voluto una politica estera ispirata ai diritti umani, ereditava quel fardello imperiale; la lunga detenzione degli ostaggi fece a pezzi il suo prestigio. Pochi capirono in Occidente la vera natura – oscurantista, reazionaria, bellicosa e distruttiva – delle due rivoluzioni islamiste gemelle che nel 1979 instaurarono la teocrazia in Iran e il potere del clero wahabita in Arabia Saudita. I rigurgiti di antiamericanismo portarono molti occidentali a simpatizzare per gli islamismi, senza prevedere le stragi di cui avrebbero disseminato il pianeta.

La seconda batosta per Carter era collegata alla prima: lo shock petrolifero conseguente alla rivoluzione khomeinista accentuò il fenomeno nuovo della stagflazione, cioè stagnazione più inflazione. Sul finire degli anni Settanta la crescita dei prezzi impazzì, sfuggì al controllo, e anche la crescita economica ne fu penalizzata. L'America che io traversavo – da New York a Washington a New Orleans, da Tucson e Phoenix, da Los Angeles e San Francisco – stava incubando trasformazioni profonde. In Arizona vidi nascere la nuova Sun Belt, la cintura del sole che attirava le industrie del futuro (tra cui l'energia pulita) mentre la concorrenza giapponese accelerava la decadenza della Rust Belt, la cintura della ruggine manifatturiera del Midwest. Volando da un capo all'altro degli Stati Uniti scoprivo i primi virgulti di aviazione low-cost, ancora sconosciuta in Europa. Carter anticipava la rivoluzione neoliberista di Ronald Reagan, sperimentava le prime deregulation; di lì a poco sarebbero apparsi i telefonini grazie allo smembramento del monopolio delle telecomunicazioni. Europa, Russia, Cina, avrebbero copiato quasi tutto, con molti anni di ritardo. Oggi lo ricordo senza volerne estrarre delle analogie: l'America di Carter sembrava a pezzi, in ginocchio, umiliata e sfinita, eppure il resto del mondo stava preparandosi a imitarla in molte cose. Perfino l'austerity energetica – «abbassate il termostato d'inverno e mettetevi il maglione in casa, usate meno aria condizionata d'estate» – fu un'anticipazione di

Carter. La sua personalità era un condensato di quelle contraddizioni americane che il resto del mondo non capisce mai. Lui era un uomo profondamente religioso, un diacono battista che insegnava il catechismo e che perfino alla Casa Bianca pregava diverse volte al giorno. Uomo bianco del Sud (la Georgia delle piantagioni schiaviste di *Via col vento*), era stato un sostenitore del movimento per i diritti civili dei neri guidato da Martin Luther King. Fece scandalo dando un'intervista a «Playboy» in cui confessava «pensieri impuri», cioè di aver immaginato l'adulterio. Aprì la sua Casa Bianca a consigliere femministe, e in un periodo successivo dichiarò che Gesù Cristo avrebbe approvato i matrimoni gay. Eppure sapete cosa ricorreva più spesso nei commenti europei su Carter? Il fatto che nel suo primo mestiere, come agricoltore in Georgia, era stato un «coltivatore di noccioline».

In mezzo a tanti disastri di politica estera che lo stavano affondando, Carter capì una cosa: che l'Unione Sovietica stava iniziando una prova di forza, il dispiegamento di nuovi missili a testata nucleare SS-20 utilizzabili nel teatro europeo, con un'alterazione grave dell'equilibrio strategico fra superpotenze, e che questa minaccia andava contrastata subito. Nacque la cosiddetta «crisi degli euromissili», quando l'America propose di bilanciare gli SS-20 con armi analoghe della Nato. Le piazze d'Europa si riempirono, già allora, di un pacifismo a senso unico. «I missili sono a Est, i pacifisti a Ovest» osservò sarcastico il presidente socialista francese François Mitterrand. Molti europei vollero vedere solo i missili americani, e protestare contro la loro installazione. Carter tenne duro e capì che Mosca rispettava solo i rapporti di forze; il dispiegamento degli euromissili occidentali proseguì. Fu la premessa di una politica estera decisa a salvare la sicurezza dell'Europa, che venne ampliata dal successore di Carter, il repubblicano Ronald Reagan, e portò alla fine della prima Guerra fredda. Gli antiamericani degli anni Settanta sono invecchiati, oggi hanno i capelli bianchi come me, ma la storia non ha scalfito le loro certezze di allora: i missili pericolosi sono solo quelli americani.

Il JFK, abbreviazione di John Fitzgerald Kennedy, non è Dubai. Quarantatré anni dopo la mia prima traversata *coast-to-coast*, ogni volta che torno in quella che è diventata casa mia, constato questa ovvietà. L'America ha smesso di essere la vetrina del futuro. La modernità non è più di casa, è trasmigrata a Oriente. Chiunque atterri al JFK, l'aeroporto di New York che è la principale porta d'ingresso per il turismo straniero, sa di cosa parlo. No, il JFK non è Dubai, neppure Istanbul o Singapore. In Asia decine di aeroporti sono più nuovi, più belli, più efficienti, meglio collegati con le città. Perfino in Europa ce n'è qualcuno migliore rispetto al nostro scassatissimo scalo. Peraltro il JFK è solo l'introduzione a un'America dove tante altre infrastrutture cascano a pezzi: autostrade e ponti, ferrovie e metropolitane, la rete elettrica e quella idrica. Quando arriva una grossa nevicata su Washington, è normale che la capitale dell'impero soffra di blackout e che interi quartieri restino senza luce per qualche giorno. Gli incendi della California non sono dovuti tanto al cambiamento climatico, quanto a vetusti tralicci dell'alta tensione che spruzzano scintille verso le conifere. Gli allagamenti della Louisiana non fanno più notizia se non raggiungono le decine di morti. Molte inefficienze impongono una constatazione: questa nazione ha dato il meglio di sé nel Novecento, che non a caso fu definito «il secolo americano». Un viaggio in America oggi, in particolare la visita a città come New York e Chicago, Boston e Philadelphia, è una visita al più grande museo a cielo aperto dedicato al concetto novecentesco (quindi obsoleto) di modernità.

Il secolo americano

Per capire cosa fu davvero il secolo americano, un'esplorazione ragionata degli Stati Uniti forse dovrebbe cominciare da una piccola statua sulle rive di un laghetto, a Washington, District of Columbia. La statua è piccola eppure appariscente. T'incuriosisce già da lontano, non riesci a distogliere lo sguardo. Colpisce per diverse ragioni: la solennità del luogo, il soggetto, lo stile. È un uomo seduto su una sedia a rotelle. Per il tipo di cappello e di occhiali, per la schiena eretta e il sorriso spavaldo, lo riconosceresti ovunque. È il disabile più famoso della storia: il presidente Franklin Delano Roosevelt. FDR, le tre iniziali con cui lo chiamano gli americani, fu privato dell'uso delle gambe da una poliomielite, allora incurabile. Per tutta la sua carriera da politico e da presidente, dovette usare una sedia a rotelle. Per il pudore dell'epoca poche foto lo ritraggono così, come quella statua di bronzo che i visitatori ammirano al Roosevelt Memorial, affacciato sul laghetto Tidal Basin che prende l'acqua dal fiume Potomac, nel cuore della capitale federale. Bisogna ricordare quali e quante sfide vinse. Oltre alla lotta personale contro l'invalidità (che all'inizio lo sprofondò nella depressione), FDR seppe sconfiggere la terribile crisi economica degli anni Trenta e i nazifascismi germano-italo-giapponesi. Fu un leader carismatico come pochi, il presidente più longevo della storia americana perché eletto quattro volte (solo dopo venne fissato il limite dei due mandati). Costruì le basi di un nuovo ordine internazionale: dall'Onu al Fondo monetario, le istituzioni da lui pensate garantirono un dopoguerra di ricostruzione e benessere nella stabilità, almeno per l'Occidente. Tutto questo avvenne mentre la sua disabilità era oggetto di disprezzo e dileggio da parte delle dittature, una delle quali (il nazismo hitleriano) vantava l'avvento del Superuomo di razza ariana.

Viviamo di nuovo un'epoca in cui i regimi autoritari guadagnano terreno, e le democrazie sembrano deboli. Ecco cosa ne pensava Roosevelt, in una frase scolpita nella pietra del memoriale: «Chi cerca di imporre sistemi di governo basati sul dominio di pochi leader sull'umanità dice che si tratta di un nuovo ordine. Non è nuovo, e non è ordine».

Una passeggiata al Tidal Basin la consiglio, e non solo

nella primavera che vede la spettacolare fioritura dei ciliegi. Intorno a quel laghetto, l'America raffigura il meglio di sé, della propria storia, della propria classe dirigente. C'è un flusso continuo di visitatori americani, vengono a studiare l'esempio dei padri fondatori. È bello un patriottismo che non è militaresco né presuppone un senso di superiorità verso altre nazioni. È spirito civico, senso della storia, rispetto per gli antenati nobili.

Lì c'è anche il memoriale dedicato a Martin Luther King, il leader delle battaglie per i diritti civili dei Black negli anni Sessanta, e la sua frase che più fa riflettere: «L'arco della storia è lungo, ma curvato verso la giustizia». Emana un ottimismo del lungo termine: alla fine il progresso prevale, i valori dell'umanità vincono. È un'idea che ritrovo nelle opere di Steven Pinker, un ottimista lucido, che fonda le sue speranze di un futuro migliore su solide realtà. Dall'Illuminismo in poi, osserva Pinker, il miglioramento è innegabile: dalla salute al benessere economico, e perfino la violenza è in diminuzione. Pinker è un rigoroso collezionista di dati: è tutto dimostrabile. Naturalmente guarda al periodo lungo, in mezzo al quale possono accadere incidenti orribili che invertono il corso della storia. È difficile – se si appartiene a una generazione incastrata nei «decenni sbagliati» – consolarsi pensando ai secoli che verranno. Però una passeggiata al laghetto di Washington aiuta a ritagliarsi momenti di serenità, ad astrarsi dalle convulsioni del presente, a riflettere su tragedie che furono superate. Roosevelt e King sono immortali, mentre i loro avversari sono nel fango, nella polvere, nell'oblio.

Margaret Bourke-White

Una guida intelligente al Novecento americano potete rintracciarla in diversi musei del Paese: dal Brooklyn Museum al Met di New York, più alcune collezioni dello Smithsonian a Washington. Le foto di Margaret Bourke-White sono sparpagliate in varie collezioni. La sua opera si può considerare come un riassunto del secolo americano, anche nella sua proiezione globale. Ha incrociato e documentato una moltitudine di sconvolgimenti e tragedie, nel suo Paese e fuori: la modernizzazione industriale e la Grande depressione; lo stalinismo e i nazifascismi; la Seconda guerra mondiale; il segregazionismo negli Stati Uniti e l'apartheid in Sudafrica. Dietro i suoi reportage s'intuisce il coraggio, la resistenza fisica, la tenacia. Hanno in comune anche la neutralità dello sguardo: Bourke-White non usa le immagini per fare comizi, non sale in cattedra, non vuole imporci un'ideologia. Nelle foto del suo primo periodo «industriale» sfida il calore degli altiforni siderurgici o ritrae le grandi opere del New Deal come moderne cattedrali. Poi attraversa e documenta molte tragedie del Novecento: la crisi economica degli anni Trenta, la guerra, l'Olocausto. Spesso è l'unica donna o il primo fotoreporter in assoluto, a trovarsi su quel fronte e a documentare quell'evento.

Quando Bourke-White aveva otto anni, suo padre la portò a visitare un'acciaieria. Il babbo ingegnere e inventore passò alla bambina la passione per le macchine. «A quell'età,» ricordò lei nell'autobiografia del 1963 «una fonderia siderurgica rappresentava per me il principio e la fine di ogni bellezza. Era così viva e forte che influenzò tutto il corso della mia carriera.» In altri suoi scritti evocò «potenza e vitalità dell'industria, magnifico soggetto per la fotografia, riflesso dell'età in cui viviamo». La sua ammirazione ricorda il culto delle macchine dei nostri futuristi nel primo Novecento. È capace di ritrarre una fabbrica come un essere vivente. Un impianto diventa maestoso. Il gigantismo dei macchinari, l'estetica degli edifici titanici dominano sia il New Deal di Roosevelt sia l'industrializzazione sovietica, due capitoli centrali nel lavoro della fotografa. Quando immortala i componenti di un tunnel di deviazione del fiume Missouri, s'intuisce la sua ammirazione per una grande opera infrastrutturale: la diga di Fort Peck fu uno dei cantieri aperti da Roosevelt nel 1933, tre anni dopo impiegava oltre diecimila operai.

Non disdegnava, all'inizio della sua carriera, la foto «commerciale», servizi commissionati da grandi aziende. Felice incontro tra il linguaggio ancora giovane della fotografia e un'America prorompente di creatività, innovazione, dove la ricchezza economica ingaggia le nuove tendenze del design. Ironia della sorte: alcuni grattacieli-icona sono inaugurati proprio quando l'America sprofonda nella sua crisi più grave, la Depressione. Il Chrysler Building è un tempio architettonico di quella Manhattan stile art déco che fiorisce durante i Roaring Twenties, i ruggenti anni Venti, l'età del jazz raccontata da Francis Scott Fitzgerald. Come il suo gemello-rivale un po' più alto ma meno elegante, l'Empire State Building, il Chrysler (inaugurato nel 1930) si apre dopo il crac di Wall Street che ha segnato la fine del boom. Bourke-White affitta un suo studio privato nel Chrysler fino al 1936, quando ancora una parte del suo lavoro è dedicata agli exploit tecnici del capitalismo americano. Non esisteva Photoshop... è reale l'accostamento in cui si è imbattuta Bourke-White quando ha visto una coda di poveri in attesa di aiuti, in fila davanti a una pubblicità euforica e ottimista sul sogno americano. È tutta reale, e involontaria, l'amara ironia di questa contrapposizione. Il cartellone pubblicitario esalta «il tenore di vita più alto del mondo». The American Way nel frattempo ha incrociato la Depressione, e anche alcuni disastri climatici che aggravano la lunga crisi economica. Una delle prime missioni della fotografa è rappresentare le sofferenze inflitte dalla siccità del 1934 che scatena migrazioni interne; poi l'alluvione del 1937 in Kentucky spinge altri disperati verso le mense dei poveri.

Sembra che i leader sovietici fossero ammirati dai primi lavori di Bourke-White sulla grande industria americana, e che volessero usare il suo talento per glorificare i loro sforzi di modernizzazione. Forse speravano anche di attirare capitali americani per lo sviluppo dell'Urss. La fotografa cominciò a sondare il terreno per un viaggio a Mosca quando stava documentando la rinascita della Germania dopo la Prima guerra mondiale. I tre viaggi dell'americana nel Paese dei soviet nel 1930, 1931 e 1932 fecero di lei il primo fotoreporter occidentale autorizzato a esplorare l'industria sovietica al termine del Piano Quinquennale. In seguito però arrivarono in Occidente le prime notizie sulle feroci purghe di Stalin contro gli oppositori. Al suo ritorno in Russia nel 1941 emerge un'altra faccia dell'economia sovietica, la miseria ancora pervasiva nel «paradiso del socialismo». Un mese dopo il suo arrivo, la Germania entra in guerra contro l'Urss.

Il 19 luglio 1941 Bourke-White realizza uno dei suoi scoop: dal tetto dell'ambasciata americana fotografa il bombardamento aereo tedesco su Mosca. Volare è una delle passioni di Margaret Bourke-White, che accetta un incarico pubblicitario dalla compagnia aerea Trans World Airlines (Twa). Durante la Seconda guerra mondiale diventa la prima fotografa ad accompagnare la U.S. Air Force e viene creata per lei la prima uniforme militare per una giornalista inviata al fronte. Fa ancora più scalpore quando s'imbarca in volo in una missione di bombardamento: era il 22 gennaio 1943, nella spedizione per distruggere la base di El Aouina in Tunisia, il principale aeroporto militare usato dalla Luftwaffe per trasportare truppe tedesche in Sicilia. Il raid alleato fu un successo, nella campagna per cacciare le forze tedesche dal Nord Africa, e in quell'occasione Bourke-White fece notizia lei stessa con la sua partecipazione. Dopo aver seguito lo sbarco degli Alleati in Italia nel 1943 e la battaglia di Monte Cassino nel gennaio 1944, Bourke-White nel marzo 1945 è con la Terza armata del generale Patton che invade la Germania. L'11 aprile, al seguito di Patton, assiste alla prima liberazione di un campo di sterminio: Buchenwald, vicino alla ex capitale Weimar. Nelle immagini del suo servizio figuravano anche le pile di cadaveri nudi, gli scheletri nei crematori, la pelle umana usata per rivestire le lampade. Il suo reportage, poi pubblicato nel libro *Dear Fatherland, Rest Quietly* (1946), fu aggiunto dalla pubblica accusa ai documenti dell'istruttoria del processo di Norimberga contro i capi nazisti. Il generale Patton ordinò che mille cittadini tedeschi dalla vicina Weimar fossero portati al campo di sterminio di Buchenwald, per costringerli a guardare da vicino le atrocità commesse dal loro regime nazista. La fotografa era presente e immortalava le reazioni dei civili, le espressioni sgomente. Alcuni di loro continuavano a ripetere: «Noi non sapevamo». Tra i detenuti a Buchenwald c'era lo scrittore spagnolo Jorge Semprún, che ricorda quella visita voluta da Patton nel suo libro *La scrittura o la vita* (1994): «Molte donne non potevano trattenere le lacrime; imploravano perdono con gesti drammatici. Qualcuna arrivò al punto di fingere un malore. Gli adolescenti si rinchiudevano in un disperato silenzio. Gli anziani distoglievano lo sguardo, in uno sfacciato rifiuto, non volevano ascoltare».

La sua foto preferita, Margaret Bourke-White la scattò quando aveva quarantasei anni. Purtroppo stava entrando, senza saperlo, nell'ultimo decennio della sua carriera (negli anni Sessanta comincerà a lottare contro il Parkinson). Nel 1950 riesce a ottenere l'accesso a una miniera d'oro nel Sudafrica, nonostante le eccezionali misure di sicurezza e la diffidenza «politica» della proprietà. A quel tempo il Sudafrica è ancora governato da una minoranza bianca che impone il regime dell'apartheid, la popolazione locale è privata della maggioranza dei diritti e vive in una rigorosa segregazione. Le battaglie internazionali contro l'apartheid avranno un seguito di massa anni dopo, in parallelo con il movimento negli Stati Uniti per i diritti civili degli afroamericani. I due minatori che Bourke-White fotografa sottoterra colpiscono per la dignità, la nobiltà dello sguardo e del portamento. Sembrano statue maestose, nonostante il calore insopportabile in cui lavorano nelle viscere della terra: la temperatura è di trentotto gradi. Il Sudafrica sarà costretto a cancellare l'apartheid e a diventare una vera democrazia, controllata dalla maggioranza nera, perché la battaglia di Nelson Mandela otterrà l'appoggio dell'Occidente e un severo regime di sanzioni economiche. Forse è l'unico caso nella storia in cui delle sanzioni hanno ottenuto un «*regime change*», hanno contribuito a trasformare un sistema politico. In seguito quello strumento non ha dato i risultati sperati, pur essendo stato usato con frequenza crescente. Il secolo americano racchiude qualche successo – pochi – per una diplomazia senza l'uso delle armi: il Sudafrica fu uno di questi.

Il difficile rapporto con la storia

L'America di oggi abbatte le proprie statue, se mancate da tempo ne troverete qualcuna in meno. Per esempio a New York, su Central Park West, quella dedicata a Theodore Roosevelt che vi accoglieva all'ingresso del museo di Scienze naturali. La decisione di rimuoverla non è stata la conseguenza di un dibattito sulla figura del primo Roosevelt (lontano cugino di FDR). Lo si può considerare uno dei padri fondatori dell'imperialismo americano, cominciò la costruzione della prima flotta militare Usa degna di questo nome, e sostenne avventure militari all'estero (dai Caraibi al Pacifico), anche se poi si guadagnò il Nobel per la pace per la sua mediazione fra Russia e Giappone. Ma la storia vera è sempre troppo complicata, piena di sfumature, di zone grigie che mal si prestano al manicheismo di chi vuole dividere il mondo fra i cattivi (noi) e i buoni (tutti gli altri). Per la rimozione della statua è bastato un dato estetico. Theodore vi era raffigurato a cavallo, mentre a piedi, in posizione subalterna, c'erano delle figure appartenenti a etnie diverse. Dunque quella statua evocava la supremazia della razza bianca, il suo istinto di sopraffazione.

La distruzione di statue è solo un pezzetto di quel che accade nelle scuole, nelle università, nei media. Ogni capitolo della storia nazionale è oggetto di contestazione, nulla si salva. Cominciando dalla guerra d'indipendenza contro gli inglesi, che qui chiamano la Rivoluzione americana. Scoppia nel 1775 e già il 4 luglio 1776 dà luogo alla Dichiarazione d'indipendenza: evento che celebriamo ogni anno. Non v'inganni il fatto che l'Independence Day è giorno di picnic nei parchi e di barbecue nei cortili per gli americani di ogni ceto, gruppo etnico, credo politico o religioso. La guerra d'indipendenza – che si concluse solo nel 1783 – è oggetto di un furioso assalto ideologico da parte della sinistra radicale antirazzista. Le frange ultrà che dettano legge nell'accademia e in molte scuole pubbliche, a Hollywood, nei media a larga diffusione come il «New York Times» hanno «riscritto» la Rivoluzione americana. Da qualche anno il *1619 Project* e la *Critical Race Theory* insegnata in molte università di élite o scuole pubbliche sostengono che la vera motivazione di quella guerra fu staccarsi dall'Inghilterra per poter continuare a praticare lo schiavismo. Non importa che questa controteoria sia priva di fondamento e confutata dagli storici più autorevoli; né importa che il movimento antirazzista Black Lives Matter stia naufragando tra scandali di corruzione e polemiche per il suo ruolo nell'aumento della criminalità: il *1619 Project* che sostiene la continuità fra l'America schiavista e quella di oggi resta un best seller e un testo sacro per una generazione di ragazzi.

La sinistra della cancel culture scimmiotta la destra, che sul revisionismo storico l'ha preceduta. La più grande contestazione della storia patria, infatti, riguarda l'altro conflitto che contribuisce alla genesi degli Stati Uniti, cioè la Guerra di secessione o guerra civile. Da generazioni, in molti ambienti bianchi del Sud si è radicata una controverità: quella guerra non fu combattuta pro o contro lo schiavismo, fu un'aggressione del Nord industriale per colonizzare quegli Stati che non condividevano il suo modello capitalista. La sconfitta dei Confederati sudisti segnò la scomparsa di un sistema di valori alternativo, fondato sulla civiltà agricola, più tradizionalista nell'attaccamento alla famiglia e alla religione.

Un terzo capitolo di storia controverso – studiato poco e male – è la Ricostruzione. Si chiama così l'insieme delle politiche adottate dai nordisti negli Stati del Sud, dopo l'assassinio di Lincoln. Nell'ottica dei vincitori, l'inizio della Ricostruzione è segnato dalla necessaria purificazione di un mondo barbaro: dal Nord calano degli amministratori – inizialmente militari – che devono ripulire il Sud dalla sua classe dirigente compromessa con lo schiavismo, e promuovere l'ascesa dei neri in posti di comando. Vista dal Sud, invece, la fase iniziale della Ricostruzione è una calata di invasori che decapitano le élite locali, rubano e si arricchiscono, regalano responsabilità a ex schiavi impreparati. Ne segue una reazione che riporta al potere i bianchi del Sud in nome del federalismo, cioè dell'autonomia degli Stati.

Le memorie divergenti e le narrazioni contrapposte sulla Ricostruzione tornano in primo piano negli anni Sessanta con le battaglie per i diritti civili degli afroamericani. Si tratta cioè di smantellare il segregazionismo, perché ai neri sono stati riconosciuti dei diritti sulla carta che non corrispondono alla realtà quotidiana: ancora all'inizio degli anni Sessanta negli Stati del Sud vige un apartheid nei luoghi pubblici e sui mezzi di trasporto; il diritto di voto dei Black è limitato da pretestuosi ostacoli amministrativi. Di nuovo nel Sud c'è chi denuncia «la calata dei nordisti» in appoggio alle battaglie del pastore Martin Luther King. Il ruolo dei fratelli Kennedy (il presidente John e il fratello Bob, assassinati nel 1963 e nel 1968) è emblematico: questi ricchissimi bianchi dell'alta borghesia irlandese di Boston che appoggiano King vengono visti come il simbolo dell'élite progressista decisa a imporre i propri valori al Sud.

L'assalto revisionista alla storia riprende da sinistra: nell'America del terzo millennio Black Lives Matter, *1619 Project*, *Critical Race Theory* demoliscono l'importanza degli anni Sessanta. Una nuova generazione di militanti radicali – molti dei quali sono giovani bianchi delle università di élite – sminuisce le conquiste sui diritti civili: non hanno veramente cambiato il Dna del Paese, che rimane segnato dallo schiavismo.

Salvo per le occasionali fiammate di violenza in piazza – e ce ne sono state tante durante la pandemia – la guerra civile continua in altre forme: sublimata nella sfera culturale. È attutita solo da un connotato geografico: le tribù americane che si contendono l'interpretazione della storia patria occupano territori diversi. Se sei sulle due coste (con l'eccezione della Florida) incontri prevalentemente la tribù di sinistra, se sei nell'America di mezzo (la «fly-over country», così chiamata perché le élite la sorvolano) o nel Sud, incontri quasi solo conservatori.

I padri pellegrini

Le diatribe sulla storia nazionale non risparmiano l'antefatto più illustre. Molto prima che nascessero gli Stati Uniti, agli albori del colonialismo inglese in Nordamerica, c'è l'episodio dei padri pellegrini che sbarcano sulla costa del Massachusetts a bordo della nave *Mayflower*. Accade nell'anno 1620 dalle parti dell'odierna città di Plymouth. Molti dei miti fondatori della democrazia statunitense ruotano attorno a quell'evento. Per esempio, il fatto che quel centinaio di coloni fossero dei calvinisti puritani in fuga dalle persecuzioni religiose (e dalla depressione economica) in Inghilterra viene visto come l'origine di alcuni tratti dell'America: la difesa della libertà di culto, una radicata diffidenza verso la vecchia Europa con i suoi conflitti ideologici, le guerre di religione, le persecuzioni delle minoranze. C'è poi un testo sacro che i padri pellegrini della *Mayflower* scrivono e firmano: un *covenant*, una specie di contratto solenne che lega i loro destini, li impegna a rispettare certe regole di condotta, diventa la carta fondatrice della loro comunità. È l'embrione di una Costituzione, dove si affaccia l'idea dell'autogoverno, benché quei coloni venissero da un Paese dove ancora regnava la monarchia. Il filosofo inglese John Locke, uno dei padri del pensiero politico moderno, troverà ispirazione nella vicenda della *Mayflower*. La storia dei padri pellegrini è tormentata, all'inizio rischiano di morire di fame, tant'è che saranno salvati dalla generosità dei nativi nell'episodio da cui nasce il Thanksgiving, la festa del Ringraziamento. La loro colonia nel New England è sull'orlo della carestia fino a quando non cambia sistema economico, e da una gestione «collettivistica» dell'agricoltura passa a un sistema di mercato dove ogni coltivatore è incentivato a produrre di più. La *Mayflower* è quindi anche l'origine di un'idea forte del capitalismo americano, sempre in tensione con il valore dell'interesse collettivo. Dalla loro nascita gli Stati Uniti hanno oscillato tra due visioni della loro identità racchiuse dentro la parabola della *Mayflower*. Come scrive Colin Woodard in *American Character*, queste Americhe alternative si possono distinguere da come rispondono alla domanda: «Quando la libertà individuale e il bene comune entrano in conflitto, tu con quale principio ti schieri?». La scelta non è mai stata decisa una volta per tutte. Quando si trattò di scrivere la Costituzione, uno dei padri fondatori fu Thomas Jefferson che propendeva per la massima libertà individuale: voleva una Repubblica fondata sull'autogoverno di produttori indipendenti. Sull'altro versante c'era Alexander Hamilton (la cui fama è stata rilanciata da un musical di grande successo a Broadway): lui voleva uno Stato forte, impegnato a difendere l'interesse pubblico investendo nelle infrastrutture, capace di difendere l'America dai nemici. Da allora gli Stati Uniti hanno conosciuto lunghi periodi di liberismo e Stato minimo, per esempio dopo l'assassinio di Lincoln nel 1865; hanno vissuto esperimenti di statalismo dirigista, il più celebre dei quali fu il New Deal di FDR.

Nei cicli politici si sono trasformati i partiti e le loro rappresentanze. Dall'inizio del Novecento e per gran parte del secolo americano, i democratici furono un'alleanza tra bianchi sudisti e operai sindacalizzati del Nord, mentre i repubblicani rappresentavano la borghesia industriale del Nord e i Black. Oggi i ruoli sono stati scambiati, le parti si sono invertite quasi completamente: il Partito democratico ha l'appoggio del capitalismo digitale e di Wall Street, dei laureati nei ceti medio-alti, nonché di una maggioranza di afroamericani e ispanici (anche se perde quota in queste minoranze etniche). I repubblicani sono diventati il partito della classe operaia e dei sudisti. Le politiche che i due partiti sostengono, e che applicano quando si alternano al governo, inseguono questi ribaltamenti nella rappresentanza sociale.

Un pensatore conservatore, Christopher Caldwell, è convinto che l'America di oggi vive addirittura in un regime con due Costituzioni, e ciò che spesso descriviamo come polarizzazione, lacerazione, faziosità e inciviltà nel dibattito pubblico è qualcosa di perfino più grave: uno scontro su quale Costituzione dovrà prevalere, quella della libertà individuale o quella dell'equità interrazziale imposta dall'alto attraverso un esperimento statalista di ingegneria sociale. «C'è la Costituzione ufficiale del 1788» dice Caldwell «con tutte le sue forme di legittimità giuridica e secoli di cultura americana alle spalle; e c'è la nuova Costituzione che nasce di fatto nel 1964 (l'anno del Civil Rights Act), che non ha una legittimità tradizionale, ma gode dell'appoggio delle élite giudiziarie, del corpo insegnante, e di coloro che l'hanno accolta come una liberazione.» Per Caldwell il movimento dei diritti civili negli anni Sessanta genera un esperimento senza precedenti: dalla guerra alla povertà del presidente democratico Lyndon Johnson, fino al «*busing*» con cui vengono trasportati in autobus da un quartiere all'altro i bambini neri per mescolarli ai bianchi (solo ai figli della classe operaia, però), viene costruito un super Stato che tuttora gestisce risorse immense al servizio di un'integrazione etnica sempre insoddisfacente. La potenza degli apparati pubblici e giudiziari al servizio di questa nobile causa continua a crescere, le risorse economiche dedicate alle cause progressiste aumentano, anche se regna la frustrazione per i risultati raggiunti. L'America progressista pensa che non è mai abbastanza, invoca altri New Deal che allarghino la sfera dell'intervento pubblico per rendere la società più eguale. L'America di destra considera tradita la Costituzione vera, con il suo attaccamento alle libertà individuali. L'equilibrio è instabile, dopo ogni elezione la parte sconfitta cerca una rivincita. Tuttavia, il compromesso precario su cui sopravvive l'unità nazionale è sempre un po' più libertario che nel resto del mondo. Lo si è visto con la pandemia. L'America governata dai repubblicani ha quasi subito denunciato come liberticidi i lockdown, gli obblighi di vaccinazione o di mascherina. L'America governata dalla sinistra ha praticato una strada diversa, però senza mai avvicinarsi alla durezza dei lockdown europei, per non parlare di quelli cinesi. L'amministrazione democratica di Joe Biden, i governatori democratici della California e di New York intuivano che anche nel loro elettorato di sinistra si stava raggiungendo una soglia di saturazione.

La distanza culturale che separa l'America dall'Europa mi è apparsa più ampia che mai quando da New York ho seguito un duello elettorale fra Emmanuel Macron e Marine Le Pen nell'aprile 2022. I due, pur essendo accesi rivali e con due visioni del mondo incompatibili fra loro, hanno gareggiato a chi prometteva più cose che lo Stato può e deve fare per i cittadini francesi. Dalle pensioni alla sanità, dai salari degli operai alla creazione di lavoro, lo Stato era sempre al centro dei loro rispettivi programmi elettorali. Qui negli Stati Uniti, FDR riuscì a far accettare il New Deal solo durante una depressione tragica e una guerra mondiale: poi fu in gran parte smantellato. La sinistra più estrema, quella che ama definirsi socialista, cioè Bernie Sanders, Elizabeth Warren, Alexandria Ocasio-Cortez, tenta di proporre ricette di tipo europeo, ma non riesce a conquistare la maggioranza neppure all'interno del Partito democratico. Nell'eterno scontro fra le due Costituzioni, nella scelta fra interesse collettivo e libertà individuale, gli Stati Uniti hanno sempre un po' più di attenzione alla libertà, rispetto al resto del mondo. E questo, che ci piaccia o no, ha fatto parte del loro fascino durante il secolo americano.

America, oggi

Come cambierà questa nazione con l'ascesa delle ultimissime generazioni?

Voglio raccontarvi del mio amico Mark. È un

giornalista famoso. Lo conobbi tre vite fa, quando abitavo a San Francisco. È un californiano doc, molto impegnato nella lotta al cambiamento climatico che è diventata il tema dominante nella sua attività di reporter. Mark è l'identikit perfetto del politically correct, riempie tutte le caselle giuste della sinistra americana: oltre a essere un ambientalista radicale è anche antirazzista, femminista, pro Lgbtq. Eppure l'ultima volta che l'ho incontrato era turbato: sua figlia quindicenne lo ha «scavalcato» a sinistra, in modo tale da metterlo a disagio. L'incidente fra padre e figlia è accaduto a proposito di J.K. Rowling. L'autrice di *Harry Potter* è stata al centro di una polemica feroce. È una femminista storica, ma ha osato sostenere che esiste una «identità biologica» della donna. Di conseguenza Rowling è stata accusata di transfobia, è finita su una lista nera di reprobi, ha ricevuto perfino minacce di morte. Di questa vicenda Mark aveva letto la cronaca sui giornali. Poi ha scoperto che sua figlia, per anni un'accanita lettrice di *Harry Potter*, ha deciso che non lo leggerà mai più e anzi ha buttato nella spazzatura i vecchi libri della serie. Le ha chiesto perché. «Rowling odia i transgender» è stata la risposta. Mark l'ha incalzata: «Ne sei sicura? Hai letto bene le posizioni della scrittrice? Hai letto la sua risposta alle accuse?». La ragazzina è stata sincera: no, non ha letto nessuna delle dichiarazioni che sono costate alla romanziera gli attacchi della cancel culture, né le leggerà. Non le interessa saperne di più, si fida delle condanne che circolano sui social media, e che le sono state segnalate dalle sue migliori amiche. Così funziona il tribunale inappellabile dei social: non c'è nulla che assomigli a un diritto alla difesa, si passa dalla diffamazione alla condanna senza appello. Per sentito dire. È un meccanismo che sta facendo molte vittime, l'unica differenza in questo caso è la celebrità mondiale di Rowling (che non la protegge affatto). La reazione di Mark di fronte alle risposte della figlia è emblematica. Sgomento, anzitutto, perché si rende conto che questo modo di censurare e mettere all'indice un autore è pericoloso. Subito dopo: indulgenza, comprensione, rassegnazione. «Ho capito che il mondo giovanile funziona così.» Anziché reagire a questa barbarie, insomma, si adegua e quasi si scusa: prende atto di essere superato, obsoleto, perché il futuro appartiene a sua figlia e quindi è quella generazione che stabilisce le nuove regole del gioco. Oggi l'America è anche questo. È diventata un Paese dove i figli educano i genitori. O almeno, così ragiona l'élite delle due coste, il ceto medio-alto dei laureati che fanno opinione a New York, Boston, Washington, Seattle, San Francisco, Los Angeles. L'altra America, per esempio la Florida a cui dedico un intero capitolo, è in guerra contro questo modello culturale.

Un Paese dove i figli educano i genitori è sconcertato quando Netflix mette in circolazione un reality show che viene dal Giappone, *Old Enough!*. È un programma popolare, da molti anni alla tv nipponica, ma solo di recente è atterrato negli Stati Uniti con tanto di sottotitoli. Ha fatto scalpore. Il contenuto: gli operatori tv seguono delle famiglie giapponesi che, secondo la tradizione, mandano i propri figli a fare piccole commissioni da soli fin dalla più tenera infanzia. In Giappone non è inconsueto che una bambina o un bambino di tre anni vada a fare la spesa al supermercato da solo, o che porti un regalo ai nonni, o che svolga incombenze domestiche sempre da solo. Le scene del reality show *Old Enough!* trasudano ammirazione per questi piccoletti che attraversano la strada segnalandosi agli automobilisti con una bandierina gialla, allungano alla cassiera del supermercato la lista della spesa e le banconote, fanno tante altre cose da soli e poi giustamente sono applauditi al ritorno a casa da mamma e papà. Il pubblico americano trasecola, non crede ai propri occhi. Un genitore statunitense forse rischierebbe di essere denunciato ai servizi sociali per abbandono di minore, se osasse fare qualcosa di simile. Ma l'idea non lo sfiora, anche perché fuori casa immagina ogni sorta di pericolo in agguato: sparatorie, rapimenti, molestie sessuali, pirati della strada. Nello shock culturale provocato da *Old Enough!* traspare una punta d'invidia e perfino di rammarico. Sì, perché qualcuno ricorda un'America diversa, un po' più simile al Giappone. Non bisogna scomodare il mito (fasullo) del Far West, basta risalire indietro un paio di generazioni per ritrovare dei genitori meno iperprotettivi, meno ansiogeni e angosciati, più rigorosi nello spingere i figli verso un'assunzione precoce di responsabilità. L'America dei genitori-spazzaneve (quelli che si adoperano a rimuovere ogni ostacolo sulla pista che è la vita) è una delle spiegazioni della figlia di Mark. A furia di coccolare, aiutare, sorreggere i figli ha creato una generazione insicura, che censura ogni realtà scomoda perché le contraddizioni la turbano. «Generazione insicura» non è una vaga osservazione sociologica, è un dato clinico. Nel 2019 il 13 per cento degli adolescenti americani ha sofferto di depressione, un incremento del 60 per cento rispetto al 2007. Nella fascia di età fra i 10 e i 24 anni i suicidi, che erano rimasti stabili dal 2000 al 2007, sono aumentati del 60 per cento nel decennio successivo, fino al 2018. Questi sono dati dei Centers for Disease Control and Preventions, la massima autorità sanitaria americana. Va notato che sono tutti dati precedenti alla pandemia, che sembra avere ulteriormente peggiorato la situazione per la prolungata solitudine. Fra le possibili spiegazioni che gli studiosi tentano di esplorare c'è il ruolo dei social media e del bullismo online, ma queste sono ancora allo stadio di ipotesi. Di sicuro, il bilancio dei genitori iperprotettivi non è esaltante.

In mezzo, fra il sessantenne Mark e sua figlia quindicenne, è incuneato lo strano destino dei millennial. Questi sono definiti come la generazione divenuta adulta all'inizio del terzo millennio, quindi i nati negli anni Ottanta e primi anni Novanta. È stata chiamata anche «la generazione perduta», sotto il profilo economico, perché il suo ingresso nel mondo del lavoro ha coinciso con gli effetti della crisi finanziaria del 2008. A differenza dei baby boomer (i loro genitori), per i millennial si è invertita la curva delle aspettative. Sono diventati adulti in un periodo di attese decrescenti, in cui il tenore di vita, le prospettive di reddito e di ricchezza sono in diminuzione da una generazione all'altra. La crisi del 2008 aveva già introdotto nei millennial una dose di pessimismo o di cautela, l'idea che il mondo è pieno di rischi e di incognite. Sono entrati sul mercato del lavoro mentre un «cigno nero», un evento a bassa probabilità e alto potenziale dirompente, sconvolgeva l'economia globale. Ora i cigni neri sembrano moltiplicarsi. Pandemia, guerra in Ucraina, problemi energetici. I millennial subiscono uno shock anche culturale: non hanno mai conosciuto un mondo senza l'inflazione; inoltre erano diventati adulti in un contesto in cui la globalizzazione sembrava un dato quasi naturale e immutabile.

L'America di oggi sembra tornare all'atmosfera di quegli anni Settanta che coincisero con la mia prima traversata *coast-to-coast*. E alcuni hanno ripreso a odiarla con la stessa virulenza di allora. Questo libro non pretende di difenderla, non ha tesi da dimostrare. È un viaggio nella realtà, è un condensato di ventidue anni di vita vissuta.

New York, maggio 2022

1
Grande come un continente: un primo giro a volo d'uccello

Se volete scoprire l'America, capirla davvero, sceglietevi un cavallo dal carattere affine come compagno di avventura. Io lo feci trent'anni fa e il ricordo di quell'esperienza non mi ha più lasciato. Avvenne per due estati successive, una nel Wyoming e una nel Colorado. I miei figli erano piccoli, ma sapevano cavalcare. Andammo nei ranch a fare la vita dei cowboy. Cioè mandriani, allevatori di bestiame. Lasciate perdere i film western, la mitologia o gli stereotipi. I veri ranch cominciarono a praticare l'agriturismo un secolo fa, molto prima che arrivasse in Europa. Gli americani delle grandi città, dall'Ottocento in avanti, hanno inseguito il contatto con una natura incontaminata, e vanno a cercarlo in questo tipo di esperienze. Ci si sveglia all'alba e si lavora sul serio: impari manovre difficili come radunare una mandria di bovini, disciplinarla, metterla in ordine, dirigerla verso un pascolo d'altopiano, poi a fine giornata ricondurla nei recinti della fattoria. Per quanto tu sappia cavalcare, non è facile trasformarsi in un «cane pastore» che va a cercare il vitello avventuroso o smarrito e lo riporta sulla retta via. Poi ci sono le grandi gite a cavallo per esplorare montagne e foreste, pianure sterminate, laghi e fiumi. Le nottate in tenda. Le grigliate attorno ai fuochi di campo. I tramonti e i cieli stellati in luoghi dove la civiltà e la tecnologia sembrano irrilevanti.

Laddove le praterie del Midwest finiscono e cominciano le Montagne Rocciose, esiste un'America immensa e selvaggia, una natura imponente e disabitata. Aiutato dalle letture storiche puoi cominciare a capire che cosa fu l'odissea dei pionieri (anche nei risvolti feroci, come lo sterminio degli indigeni). Il rapporto con la natura, quando le dimensioni sono titaniche, è molto diverso da quello dell'Europa, dove da millenni si coabita su un continente più piccino.

In questi viaggi iniziatici, alla scoperta della natura e a ritroso nel tempo, il cavallo è il partner perfetto. In molte zone d'America tuttora si «nasce» a cavallo; saper cavalcare è naturale e indispensabile, un modo di locomozione prima ancora che uno sport.

Per più di cinquemila anni i cavalli furono essenziali alla specie umana: hanno accorciato le distanze, ci hanno consentito di esplorare e conquistare il pianeta, purtroppo anche di massacrarci nelle guerre. All'origine gli indiani d'America non conoscevano il cavallo, che fu importato dai colonizzatori e diede ai bianchi una superiorità nei primi conflitti (poi gli stessi nativi impararono a usarlo alla perfezione e divennero dei cavallerizzi eccezionali). Nell'anno 1900 la sola città di New York era attraversata quotidianamente da 130.000 equini impegnati in ogni sorta di lavoro. Durante la Guerra di secessione, carneficina immane, il bilancio delle vittime umane fu terrificante, seicentomila morti, ma di cavalli ne morirono più del doppio.

Oggi ne rimangono pochi: cercate di passare un'estate in sella a uno di loro come guida e compagno di viaggio, prima che sia troppo tardi.

L'agriturismo a cavallo è uno dei modi per rendersi conto che la conquista dell'America da parte dei colonizzatori bianchi fu un'impresa difficile, pericolosa, estesa su un territorio vastissimo. Gli Stati Uniti nella loro dimensione attuale sono la terza nazione più grande del mondo, dopo Russia e Canada; ma, a differenza di queste due, la maggior parte del loro territorio è in una zona dal clima temperato e quindi abitabile. Tuttavia, dentro gli Stati Uniti ci sono anche dei veri deserti, al confine col Messico o vicino alle Montagne Rocciose; e delle zone glaciali nell'estremo Nord, in Alaska. Una caratteristica importante dell'America è proprio la sua dimensione. Per andare da una costa all'altra, per esempio da New York a San Francisco o da Washington a Los Angeles, ci vogliono quasi sei ore di volo. Se uno vola per sei ore nell'Unione europea ne esce fuori, nessuna delle distanze è così lunga (neppure Oslo-Catania o Lisbona-Varsavia).

A questa grandezza corrisponde la varietà dei paesaggi. La costa orientale degli Stati Uniti (East Coast) ha un aspetto che può ricordare certi mari europei del Nord. La costa occidentale (West Coast) ha delle somiglianze con il Mediterraneo. Certe zone del Sud, come la Louisiana e la Florida, hanno un clima tropicale, e una fauna dove si trovano gli alligatori. Alcuni deserti in Nevada, Arizona, New Mexico possono somigliare al Sahara. Le Montagne Rocciose, una catena lunghissima che si estende da nord a sud, in certi tratti sono un po' come le Alpi (e piene di località sciistiche). Ci sono grandi laghi che sembrano dei mari al confine col Canada, sui quali si affacciano città grosse e industriali come Chicago e Detroit. Ci sono pianure immense, dall'Iowa all'Indiana, dove l'agricoltura è talmente produttiva che si possono considerare «i granai del mondo», esportano cereali e soia fino in Giappone e in Cina. Ci sono Stati come il Texas, il North Dakota e il Kentucky che nascondono nel sottosuolo grandi giacimenti di petrolio e gas naturale, per cui vengono definiti «l'America Saudita». In altre parti del Paese si rimane colpiti per l'ampiezza delle foreste, in zone poco abitate sulla costa occidentale come l'Oregon e lo Stato di Washington (da non confondersi con l'omonima città), ma anche in aree dove c'è stata la prima industrializzazione come Ohio e Connecticut.

Alla varietà del paesaggio orizzontale si aggiunge una diversità verticale. L'America fu il Paese che costruì il maggior numero di grattacieli a partire dal primo Novecento. Altri l'hanno copiata in seguito, ma certe città americane rimangono caratteristiche e inconfondibili proprio per il loro skyline, cioè la linea dell'orizzonte segnata da tutte quelle torri verticali: New York e Chicago sono le più famose, ma di grattacieli sono piene le spiagge di Miami in Florida, o città come Orlando, Houston e Dallas, Philadelphia e Seattle, Atlanta e Saint Louis. In comune, queste grandi città hanno anche la struttura «reticolare» o «a cruciverba»: nel senso che sono state disegnate tracciando le strade come delle linee rette verticali, attraversate da altre linee rette orizzontali. Quando si arriva in aereo, quasi sempre una città americana è riconoscibile dall'alto per queste righe che danno un certo ordine, diverso dalle città europee che spesso sono cresciute per aggiunte successive intorno a un borgo medievale. Questo, però, è un aspetto dell'America che ha perso originalità, è invecchiato. Negli ultimi anni le selve di grattacieli più spettacolari del pianeta sono sorte in Cina e a Singapore, a Dubai e Abu Dhabi. Come laboratorio della modernità urbanistica gli Stati Uniti sono stati sorpassati e declassati.

Non tutta l'America è fatta allo stesso modo. Il New England, la zona che comincia poco più a nord di New York e si spinge fino al confine col Canada, ha tante cittadine piccole dove le villette di legno dipinte di bianco e celeste ricordano lo stile della costa britannica. Los Angeles e San Francisco hanno dei grattacieli, ma la maggior parte delle case sono basse, anche per ragioni antisismiche (la California è colpita da terremoti frequenti). A volte lo stile urbanistico ha un'impronta etnica legata all'immigrazione prevalente in una certa zona. A New York il quartiere di Harlem fu costruito dagli olandesi e le case d'epoca ricordano i Paesi Bassi. Alcune città vicine alla frontiera del Sud hanno quartieri costruiti nello stile messicano: da San Diego a Santa Fe, da Albuquerque a Laredo. New Orleans (traduzione inglese di Nouvelle Orléans) è un'interessante e affascinante mescolanza di stile coloniale francese, più l'impronta creola e africana dalle isole dei Caraibi. Lo stile italiano è visibile un po' ovunque nelle imitazioni, non sempre riuscite: per esempio certi campus universitari costruiti nel Settecento e nell'Ottocento – dalla Columbia University a Berkeley – hanno degli edifici che vogliono ricordare lo stile dell'antica Roma, o del Palladio, o il campanile di San Marco a Venezia. Altre università cercarono di imitare lo stile gotico dell'Europa del Nord.

Di questa frenesia dell'imitazione, l'esempio più esagerato e divertente è la città di Las Vegas, destinazione popolare per i turisti da tutto il mondo. Las Vegas non è più solo capitale del gioco d'azzardo, si è inventata molte altre vocazioni: turismo di massa 365 giorni all'anno per famiglie di ogni ceto; entertainment a ciclo continuo con popstar come Céline Dion e Britney Spears che danno concerti in permanenza; spettacoli fissi del Cirque du Soleil; l'illusionista David Copperfield anche lui ha stabilito lì dimora fissa. Sono sorti nuovi megacomplessi all'insegna delle repliche. C'è la finta Venezia con campanile di San Marco, la finta Luxor egiziana con hotel-piramide da cinquemila stanze; una piccola Parigi; una copia di Manhattan; una replica di Hollywood gestita da Mgm. Ciascuna di queste città immaginarie è al tempo stesso hotel, casinò, multisala teatrale, shopping mall. Le convention aziendali e professionali sono un business tutto l'anno. L'intera Vegas si può percorrere passeggiando per venti chilometri senza mai uscire dai centri commerciali: i collegamenti sono degli shopping mall giganteschi con passeggiate sopraelevate o sotterranee, aria condizionata che neutralizza le stagioni, illuminazione sfavillante che cancella la distinzione tra giorno e notte. È mostruoso o comico, a seconda dei punti di vista, questo esperimento che sembra cancellare le distinzioni tra il vero e il falso, l'originale e la realtà. Quando vedo degli sposini asiatici in viaggio di nozze che si fanno la foto sul ponte di Rialto a Las Vegas, mi chiedo se sappiano di essere su una copia di quello veneziano. Forse no. O forse sì, ma non gliene importa nulla?

Plasmati dall'immigrazione

Alla varietà di paesaggi urbani e di stili architettonici corrisponde la diversità umana, cioè etnica. Gli Stati Uniti sono stati plasmati dall'immigrazione molto prima che questo fenomeno diventasse rilevante in Europa. Perciò fin dall'Ottocento diverse città americane ebbero una Little Italy, «piccola Italia», dove abitava la maggior parte degli immigrati venuti dal nostro Paese. Ma anche delle Chinatown, cioè quartieri cinesi: la più antica è quella di San Francisco che risale al 1848. Anche New York e Los Angeles hanno delle Chinatown molto grosse. Ci sono in alcune città quartieri storici degli irlandesi o dei polacchi, dei vietnamiti o degli indiani. E soprattutto ci sono zone ad alta densità di ispanici o latinos: così vengono chiamati gli immigrati che vengono da Paesi latinoamericani, cioè dal Messico in giù (incluse le isole dei Caraibi). Questa varietà umana lascia un'impronta fortissima. Nelle Chinatown antiche di New York e San Francisco vedi delle bancarelle del pesce, della carne di maiale e di anatra, di frutta e verdura che sembrano uguali a quelle di Pechino e Shanghai. Le generazioni anziane continuano a parlare tra loro mandarino o cantonese. Interi quartieri di New York e Miami, di San Diego e Tucson sono popolati di ispanici che non parlano l'inglese. Se vai lì devi cavartela con lo spagnolo, e magari qualche parola d'italiano è più utile dell'inglese. Anche le usanze sono quelle dei Paesi d'origine. La Festa dei Morti viene celebrata come in Messico. Cibo, musica, vestiti in certi quartieri sono talmente ispanici che ti sembra di essere a Cuba o a Santo Domingo.

In questa varietà estrema dei paesaggi americani manca qualcosa. Gli Stati Uniti hanno distrutto e continuano a distruggere la loro storia. Conosco l'obiezione di tanti europei, convinti che l'America «non ha un passato», è una nazione troppo giovane, senza storia. Certo la loro storia non ha mai creato delle costruzioni importanti come le piramidi egizie o i templi della Grecia antica, né come il Colosseo o la Grande muraglia cinese. Però le popolazioni native avevano costruito delle cose che per lo più sono state distrutte. E poi anche se si guarda alla storia dell'America «bianca», dopo Cristoforo Colombo, si tratta pur sempre di mezzo millennio. In questo periodo, e soprattutto dal Settecento in poi quando l'immigrazione dall'Europa si fece più consistente, ci sono state costruzioni in tanti stili: spagnolo e francese, inglese, olandese, tedesco. Qualcosa è rimasto, e si tratta di cose molto belle come le villette in stile britannico (edoardiano-vittoriano) che contribuiscono al fascino di San Francisco, o le «brownhouses» nel centro storico di Boston e in alcuni quartieri di New York. La maggior parte di quelle costruzioni però non c'è più. Qualche volta sono state distrutte da incendi e terremoti (il più grave devastò San Francisco nel 1906), più spesso la distruzione è stata voluta dagli uomini. La frenesia dello sviluppo capitalistico ha avuto in America il suo centro motore, per tutto il Novecento. Custodire i resti del passato non è mai stata una priorità qui negli Stati Uniti, a differenza dell'Italia. Un piccolo esempio lo abbiamo vissuto noi espatriati italiani che viviamo a Manhattan. Per decenni eravamo stati abituati a frequentare la libreria Rizzoli, un luogo storico sulla Cinquantasettesima Strada vicino all'incrocio con la Quinta Avenue. Ci andavamo sia per trovare libri e giornali italiani, sia perché era un locale molto bello. Ma la legge della ruspa è la legge del più forte, a Manhattan. È scomparsa la vecchia Rizzoli, perché è stato demolito tutto il palazzo che la ospitava: un elegante immobile del 1919 in stile art déco. L'edificio era un gioiello, ma al suo posto hanno costruito un grattacielo molto più alto e così i proprietari hanno potuto incassare profitti enormi vendendo i nuovi appartamenti. A nulla è servita la mobilitazione di alcuni abitanti del quartiere, che hanno provato a far mettere quel palazzo sotto la tutela della Landmarks Preservation Commission, qualcosa che assomiglia alle sovrintendenze italiane. A New York quel poco di storia antica (o semiantica) non regge davanti ai formidabili interessi dei costruttori edili. Storie simili se ne possono raccontare a migliaia. New York si rinnova a getto continuo, demolisce e costruisce. Alcuni ci vedono un segno di vitalità. È vero che tra le costruzioni recenti ce ne sono di magnifiche, firmate da grandi architetti (per esempio Renzo Piano ha costruito una nuova sede della Columbia University e del museo Whitney, Libeskind una fontana-memoriale in omaggio alle vittime dell'11 settembre). Ma c'è anche un'indifferenza verso il passato che lascia perplessi noi europei.

Nel frattempo, rispetto all'epoca in cui Chicago e New York erano le capitali mondiali dei grattacieli, è successo un cambiamento profondo. Nel Novecento, che è stato chiamato «il secolo americano», gli Stati Uniti erano il laboratorio della modernità. Le cose nuove nascevano quasi sempre in America: nell'industria, nei consumi, nella cultura di massa (cinema, musica), nella tecnologia. Anche una certa organizzazione sociale partiva dall'America per poi conquistare altri Paesi: i centri commerciali e gli outlet; i supermercati aperti 24 ore su 24 e 365 giorni all'anno incluse le festività; la facilità di spostarsi continuamente in aereo.

Chi voleva capire il futuro, doveva visitare l'America. Oggi questo rimane in parte vero, per esempio in California c'è quella Silicon Valley dove hanno sede Apple, Google, Facebook, Instagram, YouTube, dove nascono tante innovazioni che conquistano il resto del mondo. Ma in Asia ci sono città più moderne di quelle americane, con grattacieli più alti e più nuovi, treni ad alta velocità, aeroporti efficientissimi. La modernità non sta sempre di casa in America.

Un'avvertenza essenziale per non fraintendere l'America è questa: New York non è l'America, non la rappresenta. È importante ricordarlo, anche per noi che ci abitiamo. A maggior ragione per chi ci viene in visita. Poiché spesso una vacanza negli Stati Uniti comincia proprio da New York – o addirittura si limita a questa città, per mancanza di tempo –, è forte il rischio di scambiarla per «la città americana per eccellenza». È vero il contrario: gran parte degli Stati Uniti è l'opposto di New York.

Mi spiego con una scena di vita quotidiana, come la vivo di persona, alla fermata di Columbus Circle (Cinquantanovesima Strada e Broadway). Mentre aspetto il metrò che mi porta in ufficio, sul marciapiede della stazione un musicista riempie l'attesa, un afroamericano che canta dei classici del blues accompagnandosi con la chitarra. Lo ascoltiamo distrattamente come un gradevole rumore di fondo. Ma dalla folla di noialtri newyorchesi si stacca una coppia. Obesi tutt'e due, con vestiti palesemente troppo stretti, capelli tagliati e pettinati come se fossero andati all'altare poco prima, agghindati in modo curiosamente formale rispetto al casual che domina tra noi passeggeri del metrò. Si avvicinano al cantante chitarrista, cominciano a chiedergli di interpretare i loro brani preferiti. Si fanno fotografare assieme, raggianti. Gli lasciano una mancia esagerata. Si dichiarano: turisti di passaggio dal Texas. Fanno parte di quelle orde di invasori che New York accoglie continuamente, dall'America profonda. Sono più distanti da noi newyorchesi di quanto non lo siano degli stranieri, europei o asiatici o latinoamericani. Dal Wyoming o dal Nebraska, dall'Iowa o dal Dakota, arrivano qui come su un altro pianeta. Li riconosci dagli sguardi esterrefatti o trasecolati, inebetiti o gongolanti. Fotografano tutto, fanno selfie a se stessi sul metrò o in mezzo al traffico. Con gli occhi che sprizzano goduria, non vedono l'ora di tornare «in patria» e poter invitare i vicini di casa al barbecue in giardino la domenica pomeriggio per dirgli: «Ebbene sì, siamo andati fino a quel luogo eccentrico e assurdo. E siamo tornati vivi, siamo qui per raccontarvelo. Ebbene sì, New York esiste davvero, non solo nei film. Credeteci, è piena di neri e gialli e ispanici, è piena di gay e lesbiche, e non avete idea di quanta gente c'è per strada, e vanno avanti così tutta notte, e guarda questo tizio nella foto com'è vestito».

Per loro New York è al tempo stesso la capitale del vizio, un luogo immondo e peccaminoso dove si consumano riti orgiastici nei locali notturni; è la capitale del business dove potenti banchieri congiurano col governo per depredare l'americano medio; è la capitale dei liberal, cripto-socialisti che se dipendesse da loro trasformerebbero gli Stati Uniti in una grande Cuba; è anche una sorta di immensa Disneyland o Orlando Disney World, un parco divertimenti, una giostra che ti dà le vertigini. Devi esserci stato una volta in vita tua, devi aver visto *The Lion King* o *Chicago* a Broadway, devi esserti immerso in questa folla assurda e multietnica e indisciplinata e arrogante. Per poi tornare a casa, e ringraziare Dio perché ti ha fatto nascere nell'America vera, quella sana, quella fondata dai pionieri. L'America Dio e Armi e Inno nazionale. Una patria virile, dove sono quasi tutti bianchi, dove ci si ritrova nelle stesse chiese ogni domenica, dove il diritto ad avere pistole e fucili è sacro come quello di guidare suv da cinque litri di cilindrata.

Noi newyorchesi li ricambiamo con altrettanta superficialità, con stereotipi non meno biechi. Per noi newyorchesi (o bostoniani, sanfranciscani o losangelini), «quelli lì» abitano in un Paese che è la «fly-over country», la nazione da sorvolare in aereo per spostarsi dalla East Coast alla West Coast. Noi, se andiamo a vedere un musical, scegliamo *The Book of Mormon* (satira dei mormoni) per poter sghignazzare di loro, provinciali e bigotti, razzisti e ottusi. E non pratichiamo quasi mai il rito americanissimo del barbecue, perché incendieremmo i nostri minuscoli appartamentini nei grattacieli.

Tutto ciò sarebbe comico e basta, queste Americhe che non comunicano o si visitano tra loro come si va allo zoo. Ma c'è un risvolto inquietante. Ciascuna di queste Americhe esprime una sua rappresentanza politica. Le due Americhe non parlano un linguaggio comune, non cercano un'intesa sulla direzione di marcia del Paese.

La spaccatura geografica è una divisione etnica, politica, ideologica, di valori e di religiosità. L'America delle metropoli costiere ha molti più immigrati ed è segnata da questa diversità. È più progressista, vota democratico. Va meno in chiesa. Ha meno armi. L'America che sta in mezzo è tutto il contrario di quello che ho scritto qui sopra. Le due Americhe si guardano in cagnesco, ottengono le loro notizie da televisioni diverse, vivono in due realtà parallele, come due pianeti distanti anni luce. Ogni tanto vince una, quando si va a votare; poi vince l'altra. Così succede che per otto anni gli Stati Uniti hanno avuto un presidente democratico (Clinton), per altri otto un repubblicano (Bush), poi ancora otto anni un democratico (Obama), infine Trump per un solo mandato, seguito da Biden. E ognuno di questi leader cerca di demolire quello che ha fatto il suo predecessore. Comunque la si veda, non è una situazione molto normale. Se vivi in America ci sono ottime probabilità che abiti in un luogo dove quasi tutti la pensano come te, per trovare qualcuno che ha opinioni opposte dovresti prendere un aereo. E ogni quattro/otto anni probabilmente ti senti inorridito perché hai un presidente che non ti piace affatto. Da questa descrizione deriva un altro insegnamento: quando si parla dell'America non si deve mai generalizzare. Qualsiasi frase che cominci con «Gli americani sono così...», «Le americane fanno questo...» è probabilmente sbagliata perché di Americhe ce ne sono tante.

Una cosa che accomuna però tanti americani è la nostalgia di un rapporto con la natura, grande, selvaggia e incontaminata. C'è chi sceglie di vivere nel Montana o nel Colorado per godersi in modo permanente (e non solo per un'estate di agriturismo a cavallo) quegli spazi immensi e semideserti che l'America può ancora offrire. Ma anche i cittadini che vivono circondati dal cemento sentono di avere ancora una natura vasta e rigogliosa a disposizione: è quasi dietro l'angolo. Di questo ho esperienze personali per la mia vita a San Francisco prima, a New York oggi.

Un privilegio unico della California settentrionale: a venti minuti di auto dalla zona più hi-tech del pianeta, simbolo delle rivoluzioni tecnologiche che hanno plasmato il nostro mondo, vi ritrovate in mezzo a una natura splendida, semidesertica. È la prima esperienza da fare partendo da San Francisco: il Golden Gate Bridge verso le Marin Headlands. Un parco naturale fatto di maestose scogliere a strapiombo sull'oceano, una costa frastagliata che può ricordare la Bretagna e la Normandia, l'Irlanda e la Sardegna. Ma la traccia dell'uomo è spesso invisibile, lì la California vi si rivela come la videro i pionieri dell'epopea del Far West: una terra di frontiera, con grandi spazi disabitati. Alla bellezza delle alte scogliere, cattedrali scolpite dall'oceano, si aggiunge il monte Tamalpais con la più spettacolare veduta a 360 gradi sulla baia di San Francisco. Nella foresta di sequoie secolari Muir Woods ci sono alberi che hanno mille anni, metà della loro esistenza è avvenuta prima di Cristoforo Colombo. Il rispetto del paesaggio naturale si spinge fino a impedire che gli smartphone funzionino (le autorità locali non danno i permessi per i ripetitori). Per un'ironia della sorte è in luoghi di questo genere – Tomales Bay – che i creativi della Pixar (*Toy Story*) si ritirano per escogitare una nuova storia: nei paesaggi meno contaminati dalle tecnologie.

Per spiegare la sorprendente vicinanza tra New York e la natura, parto da questo ricordo: pochi anni fa un coyote venne avvistato a Central Park, cioè dentro l'enorme parco pubblico nel cuore di Manhattan. L'animale predatore apparve verso il crepuscolo, poi aveva fatto perdere le sue tracce. Passati un paio di giorni si era spinto a sud, in una parte ancora più urbanizzata e cementificata della città: a Battery Park, striscia di verde a pochi isolati da Wall Street e da Ground Zero, sulla punta meridionale di Manhattan, da dove partono i traghetti. Le foto e i video dei passanti lo hanno immortalato in quella sua passeggiata in città, finché la polizia lo ha narcotizzato, catturato, e riportato nelle foreste dove la sua presenza è meno insolita.

Perché, in effetti, alle porte di New York cominciano delle foreste sterminate: le si vede risalendo il fiume Hudson e spingendosi sempre più a nord, verso le cascate del Niagara e il Canada. Un manto verde di un'ampiezza sconcertante, così vicino alla più grossa delle metropoli americane.

È di quella natura che Central Park vuol essere una replica cittadina. L'autunno è uno dei momenti migliori per visitare questo grande parco: è il trionfo del verde-giallo, del giallo luminoso, dell'oro, dell'arancione, del rosso, ciascuno a suo tempo. Nessuno resta insensibile di fronte a questa «mostra di pittori impressionisti» a cielo aperto, che la natura ci offre. Per chi non c'è mai stato: dovete venire almeno una volta nella vostra vita qui a New York quando l'autunno si esibisce sul palcoscenico di Central Park. Spettacoli simili potete vederli anche altrove, soprattutto qui negli Stati Uniti per via di una certa composizione delle foreste, che danno la massima varietà di colori sgargianti subito prima della caduta delle foglie. C'è chi organizza crociere sul fiume Hudson, chi predilige il Maine o il Vermont. Ma a Central Park la cornice urbana rende la magia autunnale quasi sconcertante. La natura s'impone sulla corona dei grattacieli che circondano il parco. Il ciclo delle stagioni trionfa sulla giungla d'asfalto. Affluendo in massa nel loro immenso giardino centrale, chi la mattina o la sera dei giorni lavorativi per correre, chi per portare a spasso il cane, chi per fare un picnic nel week-end o ascoltare musica all'aperto, i newyorchesi rendono un omaggio collettivo, un rito di massa fatto di rispetto e di attenzione. È un modo per riconoscere una forza superiore, e ci ricorda una verità elementare: la vita ha tempi e ritmi che non decidiamo noi, neanche nella metropoli più ricca del pianeta. «Subire» l'alternarsi delle stagioni è rasserenante, è una terapia antistress, l'antidoto a quella malattia dell'animo che ci rende, soprattutto noi newyorchesi, dei «*control freaks*», dominati dalla pulsione di programmare ogni aspetto della nostra vita, di riempire di cose e di azioni ogni frazione del nostro tempo. Dopo l'autunno cadranno nevicate abbondanti, nelle giornate di sole un biancore accecante sarà il nuovo colore di Central Park. Poi aspetteremo che sui rami spuntino i primi germogli verde pallido. E poi arriverà l'esplosione dei fiori, soprattutto i ciliegi, con i petali bianco-rosa che i primi venti di marzo solleveranno in nuove tempeste di luci abbaglianti.

Perfino gli animali ci danno lezioni di umiltà. Ci ignora, la fauna di Central Park. Gli scoiattoli fanno quel che pare a loro, tagliano la strada dispettosi ai maratoneti in allenamento. Le anatre si sono appropriate del laghetto Reservoir. All'imbrunire, guai a chi osi togliere il guinzaglio al proprio cane: rischierebbe di essere aggredito dai procioni selvatici. Topi di campagna perlustrano i sentieri come se noi non esistessimo.

Due momenti di estasi sono l'alba e il tramonto, in quelle giornate autunnali dal cielo terso e limpido, con l'aria frizzante e il vento dell'Atlantico. Sono le ore in cui le luci vengono esaltate. All'alba il Reservoir può tingersi delle tonalità di un nostro laghetto alpino. Al tramonto di una bella giornata il sole prima di coricarsi accende fiammate rosse sui grattacieli più nuovi in vetro-alluminio, che sembrano tanti specchi infuocati.

Central Park è una città nella città. È così grande da contenere i suoi quartieri, con caratteri ben distinti. A sud le zone dei campi da football e da baseball; al centro i laghi; sul versante orientale la «fascia colta» che confina col Museum Mile e da dove si vedono il Metropolitan, il Guggenheim, la Neue Gallerie; infine la parte settentrionale che lambisce Harlem. All'interno ci sono i santuari, mete di pellegrinaggi per ogni sorta di passione. Le aiuole ricamate di Strawberry Fields ricordano con discrezione il luogo dove fu assassinato John Lennon. La zona dedicata alle fiabe di Andersen: lì ogni sabato si alternano dei raccontatori di storie, potete sentire recitare *La piccola fiammiferaia* o una leggenda cinese del Quattrocento. Poco distante, delle statue di bronzo rappresentano tutti i personaggi di *Alice nel Paese delle Meraviglie*. C'è la giostra coi cavalli musicali del 1951. La Loeb Boathouse per affittare barche e remare scivolando sotto il ponte Bow Bridge. Ci sono teatri all'aperto per concerti jazz, e rappresentazioni di Shakespeare.

A seconda delle zone e degli orari della giornata, diverse tribù si dividono il parco. I passeggiatori di cani, che conversano amabilmente tra loro. Quelli che vanno in ufficio a piedi, in giacca e cravatta o tailleur, con il cellulare sempre in mano e gli auricolari infilati nelle orecchie. Le mamme coi bambini nel passeggino. Le scolaresche guidate da maestri e rangers. I club di calcio per piccoli che iniziano meticolosi gli allenamenti alle 8.30. E naturalmente la tribù più vasta, il popolo del running. Tutto cambia e si confonde il sabato e la domenica quando diventano pedonali anche le poche arterie che traversano Central Park; l'intera popolazione di Manhattan si appropria del suo parco, mescolando etnie, ceti sociali, generazioni. E chissà quanti sperano, segretamente, di avvistare un coyote.

2
The City That Never Sleeps

Il principe tassista

La prossima volta che prendete un taxi a Manhattan, non fidatevi delle apparenze un po' sudicie, della puzza di aglio, del sinistro cigolio da ruggine delle sospensioni: al volante potrebbe esserci un sovrano straniero. Non è uno scherzo, non è la trama per un film-parodia con Eddie Murphy, un seguito de *Il principe cerca moglie*. È la storia vera di Isaac Osei che alterna due mestieri: il tassista a New York, il governo di cinque province nel Ghana orientale. Dove il suo nome si trasforma in Nana Gyensare V, grande capo del popolo degli akwamu. Un doppio lavoro con venti ore di volo per il pendolarismo.

Questa storia molto newyorchese comincia proprio su un taxi giallo, anzi due. È alla fine degli anni Ottanta che Osei incontra per la prima volta Elizabeth Otolizz. Tutti e due tassisti a Manhattan, lei lo conquista raccontandogli aneddoti buffi, piccole avventure del mestiere: come quella volta che le capitò di caricare il celebre rapper Snoop Dogg, o quando fu pestata a sangue da due clienti. La prima svolta nella loro esistenza avviene quando lui va in bancarotta e sta per perdere la licenza di tassista, nel 1991. È Elizabeth a salvarlo, si fa prestare millecinquecento dollari da una drogheria africana di New York, riscattano la licenza, cominciano a lavorare guidando lo stesso taxi, una Chevy Caprice, alternandosi nei turni del giorno e della notte.

Quando si sposano nel 1995, i loro affari stanno andando così bene che dal singolo taxi cominciano ad acquistarne altri. Un po' alla volta, da quel gesto di generosità di Elizabeth nasce il loro «piccolo impero»: una flotta di cinquanta auto gialle in subaffitto ad altri tassisti. Elizabeth non poteva sognarsi che sarebbe stata premiata diventando una sovrana vera. Osei, nato in una famiglia con diciannove figli, non si faceva illusioni su quel che poteva offrirgli il Ghana. Perciò era emigrato a New York, come tanti africani in cerca di un futuro migliore: spesso confinati nei ghetti di Harlem e del Bronx, dove i loro rapporti con i neri di qui, afroamericani, sono tutt'altro che facili. Osei si era quasi dimenticato di appartenere a una famiglia reale. Il titolo di capo degli akwamu era toccato a suo fratello maggiore. Ma alla morte improvvisa del fratello, nel 2006, Isaac è l'erede al trono. Quando viene richiamato in patria, i suoi sudditi vengono a prenderlo all'aeroporto di Accra (capitale del Ghana), lo trasportano a mano su una portantina. Deve indossare la tenuta regale e una corona di oro autentico, dare udienza, emettere sentenze. Da allora marito e moglie hanno questa doppia vita. A Manhattan li aspetta il duro lavoro dei piccoli imprenditori: controllare che i loro subordinati non rubino sugli incassi delle corse, verificare che i tassametri non siano manipolati, litigare con la polizia per tentare di farsi togliere qualche multa per eccesso di velocità, gestire i rapporti con i gommisti e i meccanici per la manutenzione delle cinquanta auto che macinano migliaia di chilometri al mese sull'asfalto. In quel ruolo è la moglie il numero uno: presidente della Napasei Taxi Management Corporation. Poi, quando scatta il momento delle «vacanze», la coppia parte in volo sull'Atlantico, destinazione Accra.

«I miei turni di lavoro sono più pesanti là» ha confessato il capo Nana Gyensare V. Essere riverito e venerato fa piacere, ma in cambio i sudditi esigono molto. Isaac Osei, una volta rivestito il ruolo di sovrano, deve amministrare gli affari correnti di cinque città con tutti i territori circostanti. Deve mediare dispute familiari e faide tra clan in zone remote; ogni anno a settembre celebra la benedizione dei raccolti di yam (un tubero o patata dolce, che è la principale risorsa dell'agricoltura locale). La first lady Elizabeth, oltre a presiedere i «consigli delle donne» nei villaggi, deve orchestrare i preparativi del banchetto di mille ospiti che accompagna la benedizione rituale dei campi. Nessuno si azzarda a mangiare le yam del nuovo raccolto, finché non hanno ricevuto la consacrazione del capo. Richard Rathbone, studioso alla London School of Oriental and African Studies, spiega che sono molti gli immigrati di New York ad avere «doppie vite»: lavori umili sotto i grattacieli di Manhattan, incarichi autorevoli e prestigiosi nei propri villaggi d'origine, dal Messico all'Africa. Attenti a come apostrofate il prossimo tassista, fioraio, o venditore di hot dog.

Introduzione alla Grande Mela

Non importa se sia un re o un principe straniero in incognito, il vostro primo incontro con il tassista a New York rischia di lasciarvi ben altri ricordi. Se questo è un battesimo, se non siete mai stati in America in precedenza, dovete prepararvi a un piccolo shock. Culturale, olfattivo, visivo. Dopo le lunghe code per il passaporto e la dogana, dopo l'impatto deludente con un aeroporto vecchio e fatiscente, sporco e scassato, il taxi giallo dall'aeroporto JFK è il mezzo che vi introduce alla Grande Mela, con le sue stranezze e le sue scomodità. Per cominciare, anche se siete italiani e pensate di essere scaltri, state attenti ai truffatori. Sembra incredibile, ma la polizia newyorchese non ha mai cercato seriamente di estirpare la malapianta, e quando il passeggero esausto dal lungo volo lascia la zona bagagli per avviarsi all'uscita del terminal, ci sono gli abusivi in agguato, da evitare a ogni costo. La fila al taxi giallo regolare è indicata, un addetto chiede la vostra destinazione in città e vi consegna un foglietto stampato con la tariffa fissa più il pedaggio autostradale. Dopodiché comincia la fatica linguistica.

Sappiate che il mestiere di tassista è uno dei primi a disposizione per l'immigrato recente, il più povero e meno qualificato. È possibile che il vostro autista sia atterrato a New York non molto prima di voi, e ben presto si è trovato al volante di una carretta (di solito alle dipendenze di un suo connazionale più ricco e rapace). Quasi certamente parla un inglese molto più rudimentale del vostro. La sua pronuncia potrebbe essere quella di Calcutta, Dacca o Karachi, oppure potreste capitare su un haitiano di Port-au-Prince, che parla il creolo o uno stranissimo francese. Anche l'Africa francofona, con in testa il Burkina Faso, ha molti esponenti dietro il volante. Gli immigrati latinoamericani sono meno rappresentati fra i tassisti, perché la loro diaspora li istrada verso altri lavori manuali (per esempio, la consegna a domicilio in bici elettrica).

Essendo il mestiere del tassista assai duro nella giungla d'asfalto di Manhattan, molti di loro non vogliono perdere tempo con la pausa pranzo e consumano pasti nell'abitacolo, con tutte le conseguenze che potete immaginare sugli odori interni: soprattutto d'estate, quando il caldo torrido obbliga a tenere i finestrini chiusi per l'aria condizionata, o d'inverno quando fuori ci sono quindici gradi sotto zero e il riscaldamento dell'auto va al massimo. I passeggeri che vi hanno preceduti, vuoi perché condizionati dall'andazzo trasandato o semplicemente maleducati, abbandonano a loro volta resti di cibo, bottigliette o cartacce nella vettura. (Nessuna meraviglia che Uber abbia attecchito così presto in America.) Vuoi perché i boss delle flotte di taxi sono degli avari, o perché il padroncino indipendente dell'auto singola si è indebitato per decenni per l'acquisto della sua licenza, sta di fatto che le auto sono spaziose ma scalcagnate: qualche volta dei rottami ambulanti, con freni e ammortizzatori che urlano di ruggine.

Le varie app stradali in dotazione dei telefonini hanno risolto almeno il problema dell'orientamento. Nell'era pre Google Maps il bengalese al volante aveva un'idea vaga della toponomastica, poteva perdersi nella ricerca del vostro albergo. Adesso ci pensa l'iPhone a orientarlo, sempre che lui sia capace di inserire l'indirizzo che gli avete dettato. Capita che alcuni usino la funzione vocale per attivare la mappa, in quel caso non è detto che l'iPhone sia più bravo di voi nel decifrare la pronuncia del bengalese. Non vi dovete stupire se, fresco dei suoi ricordi di Dacca, lui guida esattamente come a casa sua. Il traffico di Manhattan ricorda quello di Delhi o Mumbai non per caso: una quota cospicua dei professionisti del volante viene da là. Molti guidano appoggiati sul clacson e contribuiscono alla cacofonia dei decibel, tratto distintivo di questa città. *The City That Never Sleeps*, come dice la canzone immortalata dal duo Frank Sinatra-Liza Minnelli, non dorme mai anche perché non le lasciano chiudere occhio gli strombazzamenti degli automobilisti. Napoli al confronto è Zurigo (un paragone sul quale dovrò tornare).

La somiglianza con le metropoli indiane o africane è accentuata da quando pullulano le bici elettriche dei fattorini delle consegne. Insultano il codice della strada, passano col rosso, vanno in senso unico contromano, tagliano la strada. Gli automobilisti, tassisti in testa, reagiscono moltiplicando colpi di clacson rabbiosi. Le frenate per evitare i ciclisti aumentano il rischio che il vostro primo viaggio nella metropoli americana sia da vomito. Il tassista ha appreso molte tecniche di sopravvivenza in questa giungla d'asfalto piena di buche, ma ignora la guida dolce, quella fatta per non sconvolgere lo stomaco dei passeggeri. Quando finalmente arrivate a destinazione, guardate bene alle vostre spalle prima di aprire la portiera. Se sta sfrecciando un ciclista pirata, e viene a sbattervi addosso, proverete la prima ebbrezza di una visita al tribunale distrettuale, con una richiesta di risarcimento tale da garantire un futuro sereno alla numerosa progenie del fattorino.

Il popolo delle mance

Anche quest'anno sono sopravvissuto alle fatiche natalizie. Ma non sono quelle che credete voi. Lo shopping per i regali, le cene tra colleghi, gli auguri digitali: tutte bazzecole in confronto alla corvée che mi strema ogni dicembre. La più faticosa maratona festiva è la busta delle mance ai portieri. Noi abitanti di Manhattan – salvo pochi fortunati che stanno in una graziosa casettina al Village, Harlem, Chelsea – per la maggior parte siamo residenti in grattacieli da cento, duecento appartamenti. Sono i *condo-building*. Il portierato è proporzionale al numero di abitanti di queste microcittà. Guai a non lasciare una busta personalizzata, col nome di ciascun portiere e qualche banconota. Le somme non devono essere per forza gigantesche, ma se i portieri che si alternano a turni, ventiquattr'ore su ventiquattro, arrivano a quota trenta o quaranta, il totale è comunque ragguardevole. E non c'è alibi per sottrarsi. Ne va della nostra qualità della vita per i rimanenti 364 giorni. È dall'efficienza, cortesia, buona volontà dei portieri che dipende la sicurezza nel ricevere lettere, plichi e pacchi, questione essenziale in un'economia «amazonizzata». I portieri sono anche i tuttofare che ti cercano un taxi quando fuori nevica o diluvia. Talvolta sono gli stessi che salgono nell'appartamento a risolvere un problema idraulico, elettrico. Col viavai di ospiti tipico delle vacanze, sono loro che controllano le identità e tengono alla larga i topi d'appartamento.

La mancia ai portieri è solo una fra le tante. Ricordo anni fa uno studio americano che preannunciava il declino di questa istituzione spiegandolo così: la generazione dei millennial non sa più cosa siano i contanti, usa solo carte di credito o ancor più gli smartphone attrezzati al pagamento. Quindi stanno scomparendo dai portafogli i classici biglietti da uno, cinque, dieci dollari che a seconda dei casi servivano per il *tip* (la mancia, appunto).

Previsione sbagliata. Qui in America le carte di credito si sono attrezzate per la mancia: al ristorante quando la macchinetta digitale sputa il foglietto che devi firmare per pagare, sotto il totale del conto c'è una riga aggiuntiva, vuota, per il *tip*. Se non lasci il consueto 15 per cento, come minimo, il cameriere chiederà cosa ha fatto di male. Lui o lei campa di quello. Per la stessa ragione è affondato l'esperimento di alcuni ristoranti col prezzo «tutto incluso». Accadde alla vigilia della pandemia, anche per raccogliere l'invito di un sindaco di sinistra, Bill de Blasio, che voleva obbligare i ristoratori a pagare di più i loro dipendenti. Ma due anni di pandemia – e di generosi sussidi statali a tanta parte della popolazione – hanno sconvolto il settore della ristorazione. Molti esercizi pubblici sono falliti; i sopravvissuti hanno fatto una fatica enorme a ritrovare la manodopera. Come in molti mestieri manuali, i camerieri hanno conquistato aumenti salariali sostanziosi. Senza alcun bisogno di eliminare la mancia. Anzi, quando i clienti sono tornati a sedersi ai tavoli, sono stati più generosi di prima, quasi a voler celebrare la riconquista di un rito che associavano alla vita normale.

Il *tip* non riguarda solo i camerieri dei ristoranti o i portieri dei palazzi. Il ventaglio dei mestieri che arrotondano così è molto più ampio. I taxi gialli newyorchesi sono obbligati ad accettare carte di credito, ma a corsa finita sullo schermo che ti indica il totale suggeriscono di aggiungere dal 20 al 30 per cento (è una piccola truffa tollerata, in realtà basterebbe la metà). Si è adeguato anche Uber, la app chiede, al termine della corsa, di dare un giudizio sull'autista... e lasciargli la mancia.

Nella mia esperienza di corrispondente all'estero ho vissuto nel Paese dell'antimancia. La Cina era, sotto questo profilo, agli antipodi rispetto agli Stati Uniti. Forse era un ultimo residuo del periodo comunista, l'idea che anche i lavori più umili abbiano una loro dignità, e comunque vadano remunerati in base a regole generali, non con la discrezionalità di una prebenda «feudale», gesto di generosità concesso dal ricco al povero, quasi una carità. Quando andai a vivere in Cina, nell'intermezzo fra San Francisco e New York, all'inizio di questo millennio la mancia era sconosciuta e gli amici cinesi mi sconsigliavano di lasciarla al ristorante «per non creare cattive abitudini». Poi negli anni del boom turistico occidentale qualcosa cambiò per l'effetto «corruttore» del turismo americano, che esporta le sue abitudini in ogni angolo del mondo. Resta comunque una fierezza che distingue il personale di servizio in Cina rispetto all'India, dove molti non esitano a tendere la mano. In molti Paesi emergenti la mancia è stata associata storicamente al rapporto servo-padrone, ai tempi del colonialismo e anche prima (l'Occidente non è stato l'unico né il primo a costruire imperi in Africa o in Asia). Perciò è abbastanza stupefacente la sua diffusione in America, la nazione più ricca del mondo. Vedo passeggeri che lasciano un *tip* al ferroviere dell'Amtrak sulla linea New York-Washington per ringraziarlo se ha dato una mano coi bagagli o ha servito una bibita e delle noccioline. Temo sia la conseguenza di una società che accetta da tempo diseguaglianze estreme, e dove tutti sanno che certi lavori pagano stipendi inadeguati, da integrare con piccoli gesti di generosità.

Hi, guys

Come rivolgersi all'ex uomo più potente del mondo, se lui è a cena con moglie e figlia e tu devi spiegargli il menù del ristorante? L'etichetta vorrebbe «*Mister President*», titolo che gli rimarrà incollato a vita. Jacopo Rampini ha scelto un rilassato «*Hi, guys*». Che tradotto alla lettera sarebbe un «Salve, ragazzi», ma qui in America è molto usato perché siamo più casual.

Del resto il caposquadra del Secret Service era stato tassativo, nello spiegargli le regole del gioco: «Stasera avrai come ospiti al tuo tavolo un papà e una mamma che vogliono godersi una cena tranquilla con la figlia. Niente formalismi, per carità». Mio figlio fa l'attore per passione e vocazione, a quei tempi faceva anche il cameriere serale per mantenersi. A volte i mestieri si confondono. Come quella sera del 10 marzo 2017, quando fu lui a doversi occupare di Barack, Michelle e Malia. Il ristorante dove lavorava, Via Carota al West Village, ha due chef donne bravissime che ne hanno fatto un magnete di celebrità: attori, cantanti, politici e altri vip di passaggio. Ci puoi incontrare Sarah Jessica Parker e Woody Allen, Harvey Keitel e Uma Thurman. Ma quel venerdì in cui si sparse la voce che doveva arrivare Obama, anche per i loro standard fu allarme rosso. Le due chef proprietarie decisero di affidare a Jacopo la gestione esclusiva di quei tre clienti particolari, forse perché bisognava avere i nervi saldi, come sul palcoscenico.

Gli Obama continuano a suscitare scene di delirio

ovunque appaiano: quando vanno a vedere un musical a Broadway, devono entrare a spettacolo iniziato per evitare tumulti popolari. E poi la sicurezza resta un affare di Stato anche dopo l'addio alla Casa Bianca. A Via Carota il Secret Service si era presentato due ore prima: ispezione dei luoghi, interrogatorio delle proprietarie. Non bisognava chiudere il locale al pubblico, perché gli Obama non vogliono perturbare la vita degli altri. Però: saletta separata, accesso diretto dalla strada, corridoio riservato per portare i piatti dalla cucina sul loro tavolo, sotto lo sguardo vigile di sei guardie del corpo.

Nonostante le cautele, quando si è sparsa la voce che c'erano gli Obama, nel ristorante è scattata la standing ovation in loro omaggio. Ma dentro la saletta, l'intimità era totale: papà, mamma e figlia, più l'occasionale visita di Jacopo. «Sarò il vostro cameriere stasera, posso illustrarvi i piatti del giorno?» Il resto della conversazione è riservato: i camerieri hanno una deontologia severa. Ho saputo solo qualche dettaglio. Come in tutte le famiglie dei nostri tempi, la figlia parla e i genitori ascoltano. Malia ha colpito Jacopo per la buona educazione; Michelle perché la più calorosa, empatica; Barack perché ha le idee chiare fin dall'inizio, anche sulla lista dei vini, e non aspetta i consigli del cameriere. Che comunque gli ispira fiducia «perché italiano». Correttezza anche nei dettagli: l'allora diciottenne Malia non tocca un goccio di alcol, neppure un dito di prosecco, perché all'epoca non ha compiuto i ventun anni come chiede la legge. Barack lascia una mancia che è il doppio della media americana, già generosa. (Ma non mi commuove: non appena lasciata la Casa Bianca ha firmato un contratto da sessanta milioni per i suoi libri.) In famiglia ci tramanderemo la foto incorniciata di quella ricevuta con la firma del quarantaquattresimo presidente.

Confessione invidiosa: negli otto anni del suo mandato ho intervistato due volte Obama per «la Repubblica», ho viaggiato al suo seguito, ho assistito a decine di conferenze stampa; eppure non ho mai avuto un contatto così intimo con lui, come mio figlio quando faceva il cameriere. Poi Jacopo ha lasciato quel lavoro ed è volato lontano, in tournée per l'Asia con Massimiliano Finazzer nello spettacolo creato da quest'ultimo: *Essere Leonardo da Vinci*. Un'intervista immaginaria con il genio rinascimentale. Un'altra che non avrò.

Tagliarsi i capelli è un'esperienza olistica

Lui e io non ci siamo rivolti la parola per quattro anni. Ogni dialogo si era interrotto. Fu il mio primo parrucchiere a New York. Sudcoreano, nome d'arte Soan, vestito in perfetto *Gangnam Style* o Korean pop. Dimostra trent'anni, ma come molti asiatici l'età è indecifrabile agli occhi occidentali. Potrebbe averne solo venti oppure quaranta. Lo avevo scovato dopo una selezione per esclusione.

Quando mi trasferii qui nel 2009, all'inizio caddi nel tranello dei cosiddetti «salon-spa». I normali barbieri-parrucchieri a Manhattan sono una specie in via di estinzione. Li hanno sostituiti catene di pretenziosi e presuntuosi saloni estetici, che a una clientela bisex promettono trattamenti «olistici». Chiedere un semplice taglio di capelli è volgare, lì ti propongono massaggi, cure per il viso, manicure e pedicure, e naturalmente «trattamenti» per la salute della tua chioma. Le loro vetrine esterne, affidate a degli esteti che sono anche scienziati della psiche umana, ti offrono delle oasi di tranquillità, dei centri di meditazione zen, dei luoghi per raggiungere il perfetto equilibrio mente-corpo, sfuggendo allo stress di Manhattan. Tu ci caschi come un fesso, entri lì dentro, e lo stress di Manhattan lo ritrovi amplificato all'ennesima potenza. I parrucchieri postmoderni sono delle catene di montaggio. Per prima ti accoglie una hostess che ti fa sedere in una sala d'attesa, ti offre del tè verde al gelsomino e una tovaglietta calda per lavarti e rilassarti i muscoli facciali. Un'altra hostess subentra per proporti il menù dei trattamenti, dai capelli alle unghie dei piedi, che lei digita su un tablet. Poi passi nel reparto shampoo dove ragazzine asiatiche si occupano della fase lavaggio. E via susseguendo, vieni sballottato come un pollo in batteria, da un estetista all'altro, costretto a far finta che questo sia il benessere zen, somministrato da giovani robot tutti uguali nel loro linguaggio, nella cortesia artificiale, nell'anonimato totale. Fino all'invito, che ti rivolge la hostess cassiera, mentre prende la tua carta di credito, a far sapere i tuoi commenti sulla loro pagina Facebook e a lasciare la tua email perché possano inondarti di consigli sul benessere corporeo. Orrore.

Per fuggire dal finto zen metropolitano mi buttai nella direzione opposta. In cerca di un posto ruspante dove mi taglino i capelli e mi lascino in santa pace. Trovai davvero l'estremo opposto: un'esperienza di tipo autistico. Finii in un locale gestito da ragazze russe con una clientela prevalentemente di emigrate russe. Tra loro parlano solo russo dunque capisco poco. I clienti maschi vengono affidati a Soan, il sudcoreano. Il quale all'inizio fece finta di parlarmi in inglese. Una tortura. Come tanti asiatici, Soan storpia la pronuncia delle parole più banali, che uscendo dalla sua bocca diventano formule assurde, incomprensibili. Nell'estate 2009 ero fresco di ritorno in America dopo cinque anni a Pechino e quindi avevo l'orecchio allenato alla pessima pronuncia inglese in Estremo Oriente, eppure l'impatto con Soan fu allucinante. Lui mi diceva delle cose, io tiravo a indovinare, rispondevo a casaccio, lui a sua volta non capiva un accidente. Lentamente ma inesorabilmente, siamo scivolati verso il silenzio totale. Per risparmiare le forze, per non impazzire durante quei venti minuti di «haircut», il dialogo si è esaurito per mutuo consenso. Lui quando mi vedeva mi afferrava la testa, e cominciava a lavorarmi. Solo l'ultima volta Soan mi ha sorpreso. Mi aspettava, visibilmente emozionato. Si era preparato un discorso. Lunghissimo. Con uno sforzo sovrumano sono riuscito a tradurre quella lunga serie di suoni. Voleva annunciarmi che per molti mesi non sarebbe stato disponibile. Dopo un decennio di assenza tornava a casa. Rientrava in Corea del Sud per tenere un ciclo di conferenze, promosso professore per una giovane generazione di parrucchieri sudcoreani.

Ecco cosa succede a noi espatriati che siamo a Manhattan. Qualcuno, nel Paese d'origine, ci trasforma in storie di successo, testimoni della modernità, avanguardie elitarie, solo perché lavoriamo in America. A Seul forse pensano che Soan sia il parrucchiere di Al Pacino e Robert De Niro, di Ralph Lauren e di Scarlett Johansson. Io Soan non l'ho mai più rivisto. Come tanti newyorchesi mi sono fatto risucchiare in una implacabile rete di solidarietà etnica. Il mio parrucchiere attuale si chiama Domenico Salvati, è originario della provincia di Potenza, diplomato a Bologna. È un imprenditore, un tipico esponente del genio italico. La mia tribù non mi delude mai. Se Soan nel frattempo è tornato, avrà dimenticato quel poco inglese che non aveva mai imparato.

Una città che soffre d'insonnia

«Agrypnia excitata» è la definizione clinica di una patologia genetica: i suoi sintomi sono l'insonnia unita a un'anomala energia nervosa, uno stato di ipertensione, e «la sensazione che stai realizzando sogni a occhi aperti». Un sonnambulismo frenetico e creativo. Per un individuo non c'è alcun dubbio: è una malattia. Ma se è una intera metropoli a esserne affetta, allora diventa un prodigio, un'estasi, una voluttà. Manhattan soffre senza alcun dubbio di agrypnia excitata. Nella celebre canzone del film omonimo, *New York, New York*, immortalata da Liza Minnelli e da Frank Sinatra, è appunto *The City That Never Sleeps*, la città che non dorme mai. Le notti di Manhattan sono dense, nervose, meravigliose, estenuanti come le sue giornate. Tutto è possibile, tutto è consentito a ogni ora della notte, nel cuore sovraeccitato della Grande Mela, illuminata a giorno da grattacieli che non badano al risparmio energetico. È una vecchia storia, in fondo. Nel 1959 il trentaduenne disc jockey Peter Tripp passò alla storia perché in una discoteca con vetrina su Times Square lanciò una sfida epica: stare sveglio per duecentouno ore consecutive, inondando di musica non-stop il cuore palpitante di Broadway. L'America intera seguì la sua impresa, i curiosi si accalcavano davanti al locale per vedere quel matto scatenato. Times Square era già allora un luogo speciale, dai ritmi assurdi per il resto del mondo, il centro universale delle pubblicità «al neon» (oggi sostituite con raggi laser e ben altre energie luminose proiettate verso la stratosfera). Tripp sfidò le leggi della resistenza fisica, stravolse i confini naturali tra la luce e l'oscurità, tra veglia e sonno, quei ritmi che dovrebbero regolare l'esistenza di noi animali diurni. Le cronache ricordano che al termine della sua maratona musicale il disc jockey dormì per tredici ore consecutive, si svegliò chiedendo uova fritte, bacon e una copia fresca del «New York Times». Oggi chi gli farebbe più caso?

La *sleep deprivation*, quella carenza forzata di sonno che è stata usata dai torturatori di Guantánamo, per Manhattan è la normalità. Il «New York Times» inaugurò anni fa un blog apposito, «All-Nighters», dove i lettori insonni raccontano come trascorrono le loro notti. E nulla è banale. Scordatevi la movida di Madrid e Buenos Aires, non c'è gara. Scordatevi i quartieri a luci rosse di Hong Kong e Manila, le discoteche-centri massaggio-bordelli ventiquattr'ore su ventiquattro. Banalità. Manhattan offre tutto questo e molto di più. L'ora in cui una massa umana indescrivibile sciama fuori dai teatri e dai musical di Broadway (e di off-Broadway, e off-off-Broadway), e resta abbagliata dall'illuminazione di Times Square: quello è solo il preludio dell'inizio. È il momento in cui i profani, già sazi dell'offerta di spettacolo, scoprono che lì la vita vera sta solo per cominciare. I locali musicali dove i secondi turni di jazz o blues cominciano anche alle dieci, come il Village Vanguard, The Stone, Smoke, Zinc Bar, sono un intermezzo rispettabile per addentrarsi nella notte vera.

La peculiarità di Manhattan non sta solo nel ritmo incessante dell'entertainment. In nessun'altra parte del mondo ci sono così tanti ristoranti aperti tutta notte, e non solo le catene dei *diners*, le *steakhouses* e i 5 Napkin Burger. È ancora più newyorchese andare in cerca dei re dei falafel, dei decani dei *sheesh-kebab*: indiani, pachistani, bengali, libanesi che presidiano i marciapiedi coi loro baracchini mobili da cui si innalzano colonne di fumo e di aromi inebrianti. Ognuno di quegli ambulanti ha la sua clientela di nottambuli affezionati: le lunghe code che si formano a questo o quell'angolo della Quinta o della Settima Strada dall'una alle quattro vi segnalano la mutevole classifica dei veri gourmet, una guida TripAdvisor aggiornata costantemente per tenere il passo con le novità dell'alta cucina da piastra rovente nella giungla d'asfalto. Ma siamo ancora alle ovvietà: divertirsi, ascoltare musica, bere, mangiare, ballare in discoteca. Manhattan by night è più di questo. È un luogo dove tutto è possibile a qualsiasi ora. Catene di fitness-club tipo Equinox sono frequentate da fanatici del tapis roulant che si allenano come ossessi alle tre, alle quattro di notte, fanno venti miglia di addestramento alla maratona sudando in palestra sotto un'illuminazione da Capodanno del Millennio. In alcune di queste palestre sei esposto in vetrina, perché la vita notturna di Manhattan è spettacolo in pubblico, è una fatica condivisa, un rito collettivo. Anche il gesto più banale della vita quotidiana, fare la spesa, si compie come fosse normale anche alle due o alle cinque del mattino: l'intera città è presidiata dai Duane Reade, Cvs, Walgreens, i drugstore aperti ventiquattr'ore su ventiquattro che l'inesperto turista europeo scambia per farmacie. Sono in realtà degli ipermercati (i reparti più vasti sono sotterranei): latte e cereali, pasta e pelati, detersivi o shampoo, pretzel o lasagne surgelate, perché non dovreste averne bisogno quando il resto del pianeta dorme? Hanno pure il reparto farmacia, ma quello fa orari più normali.

Le prime luci dell'alba sono precedute da un esercito di runner. Prendono d'assalto Central Park e corrono perfino sulla High Line, l'antica ferrovia sopraelevata trasformata in un giardino pensile con splendida vista aurorale sull'Hudson e la costa del New Jersey.

Mentre i treni dei pendolari riversano nella Grand Central Station plotoni di trader pronti a invadere Wall Street per perpetrare disastri finanziari globali, i banchieri in gessato incrociano il popolo insonne che si ritira lentamente, con riluttanza. In certi giardini pubblici che non chiudono di notte ci sono panchine riservate ai club di lettori; qualche anima generosa lascia sempre giornali, libri, riviste per questi nottambuli della cultura. L'insonnia edonistica di Manhattan forse appartiene ai sintomi dell'ultimo stadio di una decadenza imperiale. Come Berlino e Vienna negli anni Trenta, come Parigi e Londra negli anni Sessanta, come le stelle morenti che allargano i loro bagliori a milioni di anni luce, nel luccichio permanente si consuma l'ultima vitalità di una civiltà che ha sprigionato il meglio di sé e non accetta nostalgie. New York non può arrendersi all'oscurità: solo se gli occhi restano sempre aperti, il sogno sembra non finire mai.

New York sepolta

Finito il digiuno biennale della pandemia che chiuse le frontiere, con la prossima maratona New York sarà invasa anche da tanti italiani, iscritti a partecipare alla corsa più celebre del mondo. Che è anche un'occasione per scoprire la Grande Mela sotto un'angolatura insolita. Alcuni vedranno probabilmente per la prima volta nella loro vita – a meno che siano dei veterani della maratona – dei quartieri dove il viaggiatore straniero si avventura di rado. Angoli di Brooklyn, del Queens e del Bronx che non sono sulle guide turistiche, eppure sono pieni di seduzione. C'è la varietà tipica della metropoli multietnica: gli italoamericani di Brooklyn non vi faranno mancare tifo e affetto, i neri di Queens e del Bronx vi accoglieranno con cori gospel e blues. Si scopre perfino a Manhattan qualche angolo incognito: un'area di Harlem poco esplorata, la punta nord-est dello storico quartiere le cui bellezze stanno rifiorendo in modo spettacolare. Si ha anche una veduta d'insieme del carattere «fisico» di questa città, della sua impronta da «capitalismo idraulico» giunto a una fase di decadenza. Il corridore che macina chilometri ha tutto il tempo per notare le buche nell'asfalto, le toppe maldestre, segnali di scarsa manutenzione da incurabile deficit pubblico. I ponti di ferro e ghisa (se ne attraversano molti) riportano alla memoria un film protoindustriale come *Metropolis* di Fritz Lang: fine anni Venti. È una città che ha cavi penzolanti, odori e colori che ancora evocano l'epopea del primo sviluppo industriale. Il resto della sua storia comprende le più leggiadre invenzioni postmoderne: vedi la trasfigurazione del Meatpacking District (ex distretto industriale della carne in scatola) tra il giardino pensile della High Line e il Whitney Museum disegnato da Renzo Piano. Ma tutto avviene per sovrapposizioni, stratificazioni, che lasciano intatte le ere geologiche precedenti. È alla scoperta di una New York sepolta ma non cancellata, inverosimile eppure vera, che si dedica una guida speciale. Sbrigatevi a seguire il suo itinerario prima che i cicli della storia lo rendano obsoleto.

The Odd New York di Allan Ishac e Cari Jackson ci porta a visitare il cimitero navale, spettacolare molo su Staten Island dove vi accoglie un relitto di nave semiaffondata, arrugginita, spettrale: dalle sue viscere vi aspettate di veder sorgere da un momento all'altro gli zombi del film *Pirati*. Nella top ten delle stranezze c'è la mummia di Madre Cabrini a Washington Heights. C'è un deposito merci abbandonato, in uno degli ex quartieri industriali più degradati di Long Island, che è considerato «la Mecca mondiale dei graffitari» per l'inaudita densità di dipinti sovrapposti su quelle mura esterne dagli artisti di questo genere popolare. «Tanto più meraviglioso perché la ricchezza di colori fa da contrasto col grigiore circostante» spiega Cari Jackson. Su un'altra isola decaduta, Coney Island, c'è il Circus Sideshow, reliquia di un'epoca narrata nei film di Woody Allen in cui per i bambini newyorchesi questa era l'unica Disneyland immaginabile. Al 69 di Church Avenue a Brooklyn si può visitare il circuito di gara di una competizione scomparsa: quella tra vere automobiline pilotate a distanza, un divertimento cancellato dai videogame, dalla realtà virtuale, dal Metaverso. Nel Roosevelt Park, dentro il Lower East Side, c'è un'uccelliera cinese, giardino zoologico dove gli anziani di Chinatown si ritrovano in compagnia dei loro pennuti preferiti, alcuni dei quali ospitati in meravigliose gabbie che sembrano risalire all'epoca Ming. Sempre nel Lower East di Manhattan io vi aggiungo un consiglio: visitare il museo dei Tenements, cioè delle case popolari, che espone la storia degli alloggi pubblici costruiti per le varie ondate di immigrazione.

Questo non fa parte della guida alla «New York eccentrica», perché non c'è nulla di strano nel modo in cui New York digerisce, assimila e rielabora le maree successive dell'invasione multietnica. È stata a lungo la sua forza, e speriamo che lo resti nonostante tutto.

Una situazione delicata

Il profumo del pane appena sfornato e ancora caldo lo si avverte appena saliti sull'autobus: è uno dei segni che è stata celebrata la festa ebraica di Shemini Atzeret. Ma il pane è invisibile, lo portano le donne laggiù in fondo all'autobus: quella zona è proibita a un maschio, anche se giornalista. Così funziona la linea B110 di Brooklyn, che porta da Williamsburg al Borough Park. Un viaggio nello spazio e anche nel tempo. Per molti turisti avventurarsi in questa zona di New York significa scoprire paesaggi e atmosfere che evocano la Mitteleuropa dei ghetti ebraici nel primo Novecento, ai tempi di Franz Kafka. Stessi vestiti, stessi panorami in bianco e nero. Uomini con le treccine lunghe ed enormi cappelli di pelliccia, donne con le gonne fino alle caviglie. Tutti rigorosamente separati – davanti i maschi, dietro le femmine – quando si sale sul bus municipale. Così dettano le usanze, nel rione di Brooklyn popolato dalla comunità tradizionalista degli ebrei chassidici.

E per molto tempo gli altri si sono adeguati, accettando anche la sospensione della linea B110 dal venerdì sera fino alla domenica mattina, per non turbare la celebrazione del sabato ebraico. Fino a quando una «intrusa» ha deciso di sfidare i costumi della comunità ultraortodossa. Una donna newyorchese, di cui non è stata rivelata l'identità, è salita sulla parte anteriore del bus, provocando le rimostranze dei passeggeri. È accaduto nell'ottobre 2011.

Il caso è finito su «The New York World», la pubblicazione della scuola per giornalisti alla Columbia University. È dovuto intervenire il sindaco in persona. Allora era primo cittadino Michael Bloomberg, ebreo poco praticante e affiliato al reform judaism d'impronta progressista. Non ha esitato un attimo: «La segregazione fra uomini e donne sugli autobus di New York non è consentita. Se qualcuno la pensa diversamente, che noleggi un pullman privato dove farà quel che gli pare». La questione è delicata, anche per i precedenti storici: nel Sud degli Stati Uniti furono i neri a combattere memorabili battaglie negli anni Cinquanta per superare l'apartheid sui mezzi di trasporto pubblici (*Montgomery Bus Boycott*, Alabama 1955). Qui a New York la faccenda è complicata. La compagnia che gestisce il servizio sulla linea B110 è privata. Però è titolare di una licenza di pubblico servizio, e quindi il suo presidente, Jacob Marmurstein, deve rispettare le regole della città che proibiscono qualsiasi discriminazione. «Se è un servizio aperto al pubblico lo regoliamo noi» conferma il Transportation Department municipale. Ma che succede se la segregazione è condivisa? Che fare, se le donne chassidiche preferiscono stare sedute nelle file dietro, in modo che gli occhi degli uomini non si posino su di loro?

La contestazione antiapartheid non ha turbato gli ultraortodossi. Dopo quell'incidente il servizio era ripreso come di consueto. Ciascuno al posto che gli compete, ordinatamente. Il *melting pot* (crogiuolo razziale) americano è un'idea astratta, in un rione di Brooklyn la società multietnica continua a essere un'altra cosa. Un mosaico di universi chiusi, autoreferenziali, ciascuno dei quali si conquista la pace seguendo una regola antica: non metter naso negli affari del vicino.

Il ricordo di un'altra New York

All'imbrunire prendo il metrò express della linea A fino alla Quattordicesima Strada, e da lì a piedi sulla Gansevoort, mi piace spingermi sulla punta estrema del West Village di New York, che arriva quasi alla riva del fiume Hudson. Lo chiamano ancora il Meatpacking District perché un tempo c'erano i mattatoi, le macellerie all'ingrosso, le fabbriche di carne in scatola. Ancora adesso all'esterno di alcune case dai mattoni rossi sono rimasti gli antichi ganci, dove fino a non molti anni fa penzolavano quarti di bue sanguinolenti. Adesso i macellai sono sostituiti da stilisti, artisti d'avanguardia, gallerie di pop art, ristoranti di moda, discoteche, loft affittati a studenti. Lo Spice Market di Jean-Georges è uno dei ristoranti che calamitano questo pubblico: fusione di cucine asiatiche, ha un curioso arredamento finto antico, anche quello mescola influenze indiane, vietnamite, cambogiane. Dopo una certa ora per entrare bisogna farsi strada a gomitate, in mezzo a una muraglia umana da discoteca.

Al crepuscolo mi mescolo alla gente che cammina sulla High Line, la vecchia linea sopraelevata della ferrovia merci. Ora è diventata un'attrazione per la gente del quartiere e per i turisti. Sono due chilometri e mezzo di viadotto, un reperto che rimase in stato di abbandono per molti anni. Un pezzo di archeologia industriale. Il ricordo di altri tempi e di un'altra New York: quando ancora era una città di ciminiere, fabbriche puzzolenti che rovesciavano liquami nello Hudson e coprivano Manhattan con una coltre di smog. Era la New York della classe operaia multietnica, proletariato gettato nelle fauci del capitalismo industriale dopo essere passato da Ellis Island, l'isola delle quarantene per i bastimenti d'immigrati. Adesso la ex ferrovia merci della High Line è diventata un parco pubblico, una bella passeggiata panoramica che col cielo terso offre la vista sul fiume e sull'orizzonte di grattacieli del New Jersey.

Al tramonto lo Hudson diventa uno specchio lucido, il cielo verso la Statua della Libertà è un capolavoro cromatico, dal rosso fuoco al viola scuro; i palazzi del New Jersey brillano come diamanti. Tra le ragioni dell'immediato successo iniziale della passeggiata serale sulla High Line ci fu una voce che si era diffusa poco dopo la sua inaugurazione (estate 2009): l'albergo appollaiato a metà della ferrovia, a quanto pare, avrebbe dimenticato di installare tende abbastanza spesse, sicché dopo il tramonto dalla sopraelevata si vedevano top model nude sotto la doccia nelle loro camere, e qualche guardone sostenne di aver osservato perfino qualche amplesso indiscreto. Come tutte le leggende metropolitane – e New York ne è una fabbrica inesauribile – anche questa è falsa. O quasi falsa. Il voyeurismo aiutò il lancio pubblicitario di questa promenade pensile, poi allungata di anno in anno.

All'inaugurazione del 2009 perfino l'austero e rigoroso «Wall Street Journal» mandò i suoi reporter nottetempo a «indagare» su quel che traspariva da quelle finestre peccaminose, e dedicò alla storia una pagina intera.

Sulla High Line i binari arrugginiti sono stati lasciati al loro posto. S'intravvedono in mezzo a una vegetazione lussureggiante. È una delle tante operazioni di urbanistica «verde» che hanno cambiato il volto di New York. La più grossa metropoli d'America incrocia vocazioni diverse.

È la capitale mondiale della finanza, ma è anche la città al mondo che può vantare il maggior numero di università, musei, teatri, sale da concerto. Dopo la botta subita da Wall Street nel 2008, il costo sociale per l'economia cittadina fu attutito perché le sue attività culturali ressero. Come tante volte nella sua storia, la capacità di New York di risollevarsi è ammirevole. È un pezzo d'America che a volte ne concentra i peggiori difetti, altre volte ne rivela le risorse migliori: che non sono i capitali ma le intelligenze, i talenti umani attirati da tutti i continenti. L'impero americano potrà essere in declino, ma finché i dirigenti della Cina e dell'India e dell'Europa manderanno i loro figli a studiare qui, vorrà dire che New York avrà ancora qualcosa da insegnarci. Per esempio la capacità di dare una chance anche alle erbacce. Sono loro, le piante selvatiche, che hanno dato l'idea della High Line. Molto prima che ci pensasse l'allora sindaco Michael Bloomberg, la vegetazione si era impadronita della vecchia ferrovia, aveva invaso le rotaie, aveva deformato l'acciaio e il cemento con la forza vitale delle sue radici.

Riaprono le frontiere, cambiano le abitudini

È nel novembre 2021 che l'America ha riaperto finalmente le frontiere ai turisti europei, dopo un anno e mezzo di restrizioni da pandemia. Chi è tornato nel dopo-Covid la trova cambiata? Più di quanto ci si poteva aspettare in venti mesi. Dalle anomalie della ripresa economica (è esplosa l'inflazione, mancano lavoratori essenziali) all'aumento della criminalità, alle nuove attrazioni turistiche di New York. È iniziato un crescendo di visitatori italiani per recuperare una lunga assenza forzata.

Un primo avvertimento: prevedete file ancora più lunghe all'arrivo negli aeroporti, per la dogana. Tra le altre cause, anche tra gli organici della polizia di frontiera ci sono buchi creati dal clima di delegittimazione delle forze dell'ordine, che ha portato a una stagione di dimissioni di massa. Lo shock del carovita è garantito nelle destinazioni turistiche come New York, Los Angeles, San Francisco.

Quasi tutto costa di più, spesso molto di più. Il tasso ufficiale d'inflazione (8 per cento all'inizio del 2022) è inadeguato a fotografare la situazione in alcuni settori come i ristoranti. E rassegnatevi se la qualità del servizio non è all'altezza della «mancia obbligatoria». «Ripresa con penurie» definisce lo stato dell'economia: in testa c'è la scarsità di manodopera. Colpisce i lavori disagiati, con meno prestigio sociale e remunerazioni basse. Ha ricadute sulla vita di tutti i giorni. Mancano camionisti, fattorini delle consegne, camerieri, poliziotti, commesse e cassiere, infermieri, insegnanti di scuole materne e asili nido. Nei settori in sofferenza, i datori di lavoro devono pagare di più e pretendere di meno, è la legge del mercato. Dopo decenni di pace sociale (o quasi) si segnalano scioperi, a conferma che i rapporti di forze sono cambiati in favore dei dipendenti.

Il blocco parziale dell'immigrazione durante la pandemia ha finalmente rafforzato il potere contrattuale di tutti i lavoratori manuali. Molti disdegnano un posto qualsiasi, se è pesante e sottopagato; possono permettersi di aspettare e selezionare, anche per la generosità dei sussidi che per quasi due anni sono arrivati dal Tesoro federale e dalle finanze locali. Tra quelli che non tornano a lavorare – non in ufficio, per la precisione – c'è una fascia privilegiata: gli innamorati dello smart working, a cui il periodo del lockdown ha fatto abbracciare uno stile di vita diverso. Wall Street, Downtown Manhattan, così come il centro direzionale di San Francisco non hanno recuperato tutta la popolazione residente del marzo 2020.

Ai visitatori stranieri New York sembrerà scivolata un po' più verso il caos. Un vero newyorchese non si accontenta del verde per attraversare sulle strisce pedonali, prima guarda a destra e a sinistra per l'inevitabile ciclista o motorino in contromano col rosso. Il rispetto di regole «minori» è diventato un optional anche perché la polizia si volta dall'altra parte. Un agente in divisa che osi arrestare qualcuno – soprattutto se appartenente a una minoranza etnica – viene circondato da smartphone in modalità video, pronti ad accusarlo.

Il disordine del traffico newyorchese è la manifestazione più bonaria e innocua di altri cambiamenti. Per gli italiani assenti dal marzo 2020: questa è l'America post-post-Floyd (dal nome dell'afroamericano ucciso da un agente il 25 maggio 2020). Nei venti mesi in cui le frontiere erano semichiuse agli stranieri, ha vissuto rivoluzione e controrivoluzione. Il movimento antirazzista Black Lives Matter, egemonizzato dalle frange radicali, ha ottenuto che molte città tagliassero i fondi alla polizia. I sindaci democratici Bill de Blasio (in carica a New York fino al dicembre 2021) e Eric Garcetti (Los Angeles) hanno seguito l'onda, come quelli di Minneapolis e Portland, Oregon. L'aumento del 30 per cento degli omicidi ha segnato il balzo più grave dagli anni Sessanta. Le dimissioni dai corpi di polizia delegittimati dalle accuse di razzismo continuano a ridurre gli organici. La controreazione successiva è partita dai quartieri poveri, dagli afroamericani vittime del crimine violento: le zone popolari di Brooklyn, Queens, Bronx e Staten Island hanno plebiscitato come nuovo sindaco di New York un ex capitano di polizia, Eric Adams.

Il degrado non si limita alla delinquenza. New York vede crescere la spazzatura, anche la nettezza urbana subisce l'impatto della «grande dimissione» dalle mansioni meno appetibili. Insieme a Los Angeles e San Francisco, la Grande Mela continua a vantare il record nazionale dei senzatetto, un mondo che resiste nonostante la distribuzione di denaro pubblico.

New York accoglie il turismo internazionale con qualche novità seducente. Gli ultimi visitatori prepandemia non fecero in tempo a vedere l'inaugurazione dello Edge, terrazza panoramica con vista sulla metropoli, in vetta agli Hudson Yards. E lì sotto, sul lungofiume, Little Island at Pier 55, giardino pensile sull'acqua.

Dopo il nuovo World Trade Center di Libeskind, dopo la Manhattanville-Columbia di Renzo Piano, quello di Hudson Yards è un intero quartiere che avevamo visto sorgere in sette anni, dal 2012 al 2019, con un investimento iniziale da venticinque miliardi di dollari e una velocità di costruzione quasi «cinese». Numeri vertiginosi: 113.000 metri quadri, 25.000 tonnellate di acciaio, 35.000 tonnellate di cemento solo per lo «spicchio» orientale della piattaforma dei grattacieli. Si affaccia sulla riva dell'Hudson, all'incrocio tra la Trentaduesima Strada e il lungofiume. Prima lì c'erano depositi e magazzini, fabbriche, moli di attracco, svincoli ferroviari, niente di interessante. Al posto di quel semivuoto, ora svettano grattacieli dalle linee ardite, futuristiche, a tratti provocanti o stravaganti. Ma Hudson Yards rischia di essere una sorta di canto del cigno per New York, l'exploit finale e un po' stonato di una metropoli che ha il fiato grosso. Anzitutto, per un paradossale rovesciamento di ruoli, oggi ti sembra che sia Manhattan a copiare Dubai. Gli eccessi della modernità sono da tempo trasmigrati a Oriente. E poi, due anni di smart working dei ricchi e di isolamento dal turismo mondiale – più il trionfo di Amazon e di ogni forma di vita virtuale – hanno disseminato l'intera New York di negozi chiusi, vetrine abbandonate, cartelli di «affittasi» che scoloriscono nell'attesa di un revival.

New York è già rinata tante volte: dopo l'11 settembre 2001; dopo lo schianto finanziario del 2008. Stavolta è assalita dal dubbio che alcuni dei suoi abitanti le abbiano voltato le spalle per sempre.

Forse per questa paura Manhattan ha deciso di prostituirsi ancora di più; non risparmia le volgarità pur di attirare il turismo di massa e salvare il business. L'ultima idea nella primavera del 2022 è l'apertura di casinò a Times Square, per renderla più simile che mai a Las Vegas. Per i turisti attirati in questa trappola sarà meglio che il nuovo sindaco-poliziotto Adams la ripulisca un po', perché nel frattempo Times Square è scivolata indietro verso un passato che nessuno rimpiange: scippi e spaccio, quasi come negli anni Ottanta. I cicli di boom e tracollo si alternano a New York come le stagioni, in parallelo con i cicli di perdizione e redenzione.

L'America odia New York

New York non è l'America, l'America odia New York.

La prima affermazione è familiare: questa è una città anomala, un caso a parte, in tutti i sensi poco rappresentativa. Etnicamente più composita, politicamente più a sinistra, troppo cosmopolita per rappresentare l'insieme degli Stati Uniti.

L'esodo di newyorchesi verso la Florida – dove si pagano meno tasse, ci sono meno homeless, e governano i repubblicani – ha contribuito a rendere la città ancora più diversa dall'America conservatrice. Perfino quelle aree dove comanda il politically correct della sinistra radicale, come la California, diffidano di New York e si considerano migliori. Ciò che la rende davvero unica, anche rispetto a zone politicamente omogenee come il vicino New England, si riassume in una parola: disordine. Torno alla mia constatazione: Napoli o Città del Messico sono più simili a Zurigo, se le paragonate con la Grande Mela. Il rispetto delle regole qui è un optional, il codice della strada è solo una delle tante normative che il newyorchese medio ignora puntigliosamente. L'immigrato che arriva prende nota, la vera canzone simbolo della cultura locale è un'altra di Sinatra, *My Way*: faccio a modo mio. La metropolitana sporca come una ferrovia indiana è il luogo che riassume un'identità.

Gli americani di provincia vengono in visita qui con gli stessi accorgimenti, guardinghi e incuriositi, come fossero al Cairo. Prendete esempio da loro.

Tuttavia mi rendo conto che forse sono ingiusto verso il Cairo. È da molto tempo che non visito la capitale egiziana. In quell'area del mondo l'ultima metropolitana che ho usato e della quale ho un ricordo fresco è quella di Istanbul: un gioiello di pulizia e di efficienza in confronto alla nostra.

La *subway* newyorchese sembra impegnata a rincorrere l'ombra di se stessa, a resuscitare fantasmi del passato. Nel primo trimestre del 2022 i furti sono aumentati del 94 per cento, le aggressioni hanno segnato un più 41 per cento rispetto allo stesso periodo dell'anno precedente. Poiché noi newyorchesi siamo celebri per il nostro sangue freddo, ci aggrappiamo alla razionalità statistica: con tre milioni e mezzo di passeggeri al giorno, la probabilità di essere vittime di un crimine nel metrò è minuscola. Tant'è che per non farci mancare niente abbiamo visto riapparire un incubo antico: il viaggiatore ignaro ucciso con uno spintone che lo scaraventa (o la scaraventa: alcune vittime erano donne) sulle rotaie mentre il treno è in arrivo. Era un «gioco» perverso in voga negli anni Ottanta, almeno così tramandano le nostre leggende metropolitane. È riapparso nel 2022. Casi isolati. I colpevoli per questi omicidi di solito sono homeless affetti da gravi turbe psichiche.

Ecco un'altra peculiarità newyorchese, le stazioni della *subway* sono i nostri ricoveri per malati di mente. Proprio così, il sistema di assistenza psichiatrica della città non funziona, una parte di coloro che avrebbero bisogno di cure si aggirano nei tunnel della metropolitana. Uno di questi «imbrattò» il volto di una viaggiatrice con le proprie feci, all'inizio del 2022. Ripeto, la probabilità che l'incontro sbagliato accada proprio a voi è microscopica. Tant'è.

Il newyorchese esperto, assuefatto alla vita cittadina, rispolvera vecchie abitudini degli anni Ottanta, piccoli gesti di precauzione: nella stazione del metrò, all'arrivo del treno, si sta con la schiena incollata alla parete, e lo sguardo attento. Anche perché pochi altri vigilano su di noi. La polizia fa quel che può aumentando le pattuglie, ma il suo lavoro è vanificato dal boss della magistratura locale, quel *district attorney* che sarebbe l'equivalente di un procuratore capo. Qui da noi è una carica elettiva. L'ultima elezione l'ha vinta un giudice ultraprogressista, Alvin Bragg, convinto che il criminale sia la vittima di un sistema sociale ingiusto. La polizia lo cattura e lui lo mette in libertà. Certi reati, Bragg, ha deciso di non perseguirli più: la lista è lunga, comprende la guida senza patente e il viaggiare sui mezzi pubblici senza pagare il biglietto. Purtroppo anche gli autori di sparatorie, regolamenti di conti fra gang in cui sono morti dei bambini colpiti da pallottole vaganti, erano dei pregiudicati rimessi in libertà.

Quelle sono tragedie che colpiscono i quartieri più poveri, dove il turista si spinge raramente. Polizia e magistratura passano molto tempo a litigare fra loro e a rinfacciarsi il degrado della città. Sulle nostre teste. Noi intanto osserviamo guardinghi chi ci sta accanto, sul marciapiede del metrò. Consolandoci con la memoria storica: gli anni Ottanta furono peggio. Molto peggio. Andatevi a rivedere il cult movie *Taxi Driver* di Martin Scorsese con Robert De Niro. Quella era la New York ruggente. Ne siamo ancora ben lontani, per fortuna.

3
Fuga verso la Florida

Anche l'America subisce la denatalità, sia pure meno dell'Europa. Qui non siamo arrivati alla decrescita della popolazione, però la sua crescita rallenta.

La Florida è una vistosa eccezione. Nel decennio dal 2010 al 2020 gli abitanti del Sunshine State (lo Stato «luce del sole», come ama chiamarsi) sono aumentati del 15 per cento, il doppio della media nazionale. La Florida con i suoi ventidue milioni di residenti ha sorpassato la popolazione dello Stato di New York ed è salita al terzo posto dietro California e Texas. Si aspetta di accoglierne altri sette milioni entro il 2040.

Più che alle nascite la Florida deve questo exploit all'immigrazione. Ha superato la California per la sua capacità di attrazione di stranieri. Ma è soprattutto l'immigrazione interna a darle una marcia in più. Il 39 per cento degli attuali abitanti viene da un altro Stato Usa. È un fenomeno antico che però sta cambiando la sua natura. Ogni newyorchese come me ha una lunga lista di amici che, una volta raggiunta l'età della pensione, si sono trasferiti a Miami, a Palm Beach, o in altre località della Gold Coast. Sono gli «uccelli del Nord» attirati dal clima e dall'esenzione fiscale poderosa: la Florida è uno di quegli Stati Usa, come il Texas, che non applicano un'addizionale Irpef. Pagando solo l'imposta federale, senza aggiunte locali, un pensionato newyorchese risparmia fino al 15 per cento del suo reddito, un incentivo sostanziale.

A quest'attrazione se ne sono aggiunte molte altre di recente: come il Texas, anche la Florida è diventata un polo d'attrazione per attività tecnologiche e quindi per una forza lavoro molto giovane. Il suo ruolo di snodo di comunicazione con tutta l'America latina è un altro motore di sviluppo. L'impulso finale lo ha dato il Covid. Il biennio della pandemia ha visto emergere la Florida come un bastione dell'«altra America»: libertaria e liberista, allergica alle regole burocratiche imposte dall'alto. Su questo si è innestata una polemica feroce che ha devastato la credibilità della scuola pubblica americana: il biennio della pandemia ha accresciuto il potere del sindacato-scuola, che ha imposto troppo a lungo la didattica a distanza, con conseguenze nefaste sull'apprendimento degli studenti (soprattutto quelli dei ceti meno privilegiati); inoltre, avendo i figli a casa, molti genitori hanno scoperto l'indottrinamento ideologico in corso nella scuola pubblica, dove il pensiero totalitario dell'antirazzismo radicale è materia d'insegnamento, gli studenti bianchi vengono «rieducati» in quanto portatori di una tara genetica che risale allo schiavismo.

La Florida fa parte di una zona franca dove i repubblicani – guidati da un italoamericano, Ron DeSantis – hanno fatto argine contro queste imposizioni. Il Sunshine State contende al Texas il ruolo di «bastione delle libertà», dove si difende un'idea dell'America molto diversa da quella del «New York Times» o della Cnn.

In un'era sempre più polarizzata e tribale, molti americani tendono ad abitare in luoghi dove i loro valori sono prevalenti, dove la gente la pensa allo stesso modo. La migrazione interna che popola la Florida – in provenienza soprattutto da New York, New Jersey, California e Pennsylvania – è gente che «vota con i piedi», si trasferisce dall'America politically correct verso una società alternativa. La pandemia non ha solo acutizzato le differenze, ha anche reso più facile traslocare: lo smart working è diventato permanente, molte grandi aziende preferiscono che i dipendenti lavorino da casa, un esperto di software che lavora per una banca di New York può timbrare il cartellino virtualmente da un appartamento di Miami con vista sulla spiaggia.

Le estreme conseguenze del politicamente corretto

Per capire come la pandemia ha cambiato l'America, ha accentuato le nostre divisioni, e ha esaltato il ruolo della Florida, partirei da San Francisco.

La «mia» città, dove misi radici nell'estate del 2000,

dove i miei figli hanno finito il liceo, e dove (nelle vicinanze) è cominciata la carriera universitaria di mia figlia. Il mondo della scuola californiana lo conosciamo bene in famiglia, perché mia moglie ha insegnato a San Francisco. Ma la deriva estremista del politically correct è andata ben oltre durante la pandemia, fino a provocare una rivolta dal basso.

Il Board of Education di San Francisco, che ha i poteri di un provveditorato agli studi ma è diretto da rappresentanti eletti dai genitori, è diventato il simbolo di tutto ciò che va storto laddove domina la sinistra più fanatica. Le centoventicinque scuole sotto la sua giurisdizione hanno subito la didattica a distanza molto più a lungo che in altre parti d'America, e molto più a lungo del necessario: a dettar legge è stato il sindacato, contro il parere di molti esperti sanitari. Per i ragazzi e per i genitori è stato un incubo: la qualità dell'insegnamento si è deteriorata in modo preoccupante. Non per i figli dei ricchi, che vanno in scuole private da 40.000 dollari all'anno, dove la didattica a distanza è durata molto meno. Sono tutti gli altri, la popolazione studentesca trasformata in una cavia per l'esperimento fallimentare voluto dal sindacato-scuola.

Mentre rimaneva sordo di fronte agli appelli accorati delle famiglie per riaprire le classi, il Board of Education era impegnato in tutt'altre faccende. Ha usato il lockdown per mettere sotto esame i nomi delle scuole, e cancellare personalità storiche sospettate di razzismo, sessismo, colonialismo. Sono finiti così sotto accusa anche dei licei intitolati a George Washington e Abraham

Lincoln. Washington fu l'eroe della guerra d'indipendenza contro gli inglesi nonché il primo capo di Stato della neonata Repubblica; Lincoln fu il presidente che, vincendo la Guerra di secessione, consentì l'abolizione dello schiavismo. Anche loro avevano delle macchie, dei peccati da espiare, dei processi da subire. Riaprire le scuole era un compito che poteva aspettare, prima bisognava cambiargli il nome. *Dulcis in fundo*, sempre durante la pandemia, l'élite dell'ultrasinistra che governa San Francisco ha lanciato un'altra iniziativa: abolire ogni selezione all'ingresso della Lowell High School, un liceo pubblico famoso per i criteri d'accesso meritocratici.

Gli esami di ammissione andavano sostituiti da una lotteria, in modo da aumentare il numero di studenti afroamericani e ispanici. Un'altra idea geniale per cancellare ogni traccia del razzismo bianco in America. Ma è qui che l'offensiva della sinistra radicale ha incontrato una resistenza insormontabile. Le principali vittime di questa riforma sarebbero stati non i bianchi bensì gli asiatici.

A San Francisco, secondo l'ultimo censimento, solo il 40 per cento dei residenti è bianco. Gli Asian-American sono il gruppo etnico immediatamente successivo, a poca distanza: 36 per cento. Di questi i più numerosi sono i cinesi: 23 per cento. Negli studi gli asiatici hanno risultati migliori dei bianchi, dominano le classifiche degli esami, fanno incetta di borse di studio, trionfano nelle ammissioni selettive. Altro che razzismo bianco. Gli asiatici si sono sentiti il bersaglio di una nuova forma di discriminazione: penalizzati perché troppo bravi a scuola, in un'epoca in cui la meritocrazia è sotto accusa come «strumento di oppressione dei bianchi».

La rivolta contro il Board of Education di San Francisco ha avuto come protagoniste le Mamme Tigri cinesi. Custodi inflessibili di un'etica del sacrificio, sorveglianti severe dei figli e delle figlie, impegnate a inculcare nella prole la priorità dello studio, a imporre limiti e regole di vita per ottenere il massimo risultato scolastico, le mamme cinesi di San Francisco si sono sentite beffate dalla nuova ideologia politically correct. La sinistra californiana ha deciso che se uno studente va male a scuola non è mai colpa sua né tantomeno dei suoi genitori, è sempre colpa del sistema, del razzismo incrostato in tutte le istituzioni. È vietato chiamare in causa i modelli di valori di una comunità, l'esempio dato dai genitori, le famiglie sfasciate, la sottocultura di omertà e collusione con la criminalità. Guai, per esempio, a criticare i rapper multimilionari che nella comunità Black diffondono parole di odio, incitazione alla violenza, sessismo. Bisognava invece chiudere la porta ai giovani meritevoli, abolire gli esami, per aprire a tutti coloro che quegli esami non li avrebbero superati. E sia chiaro che non c'era nessun alibi «sociale» dietro questa iniziativa.

I figli degli immigrati asiatici spesso crescono in un ambiente altrettanto povero dei neri o degli ispanici; però hanno la colpa di credere ancora nell'American dream, nell'idea che questo Paese è ricco di opportunità per chi vuole guadagnarsele con la sua fatica. Nella cancel culture o woke culture, l'élite radicale che comanda nel capitalismo digitale, nei media e nell'accademia, il sogno americano è un'impostura, l'etica del dovere e del sacrificio va sostituita con il dirigismo statale che garantisce quote d'accesso alle minoranze prescelte per la beatificazione. Ma stavolta la sinistra politically correct al governo di San Francisco ha fatto male i suoi calcoli. Ha creduto che l'appoggio massiccio della stampa, di Big Tech, delle università di élite, sarebbe stato sufficiente. Non avevano fatto i conti con le Mamme Tigri, che hanno organizzato la rivolta dal basso con una formidabile efficacia.

Dietro la spinta dei genitori cinesi, tanti altri hanno deciso che non volevano più sottomettersi ai diktat della minoranza estremista. È partita l'offensiva del Recall, un referendum popolare previsto dalla Costituzione della California per licenziare chi detiene una carica pubblica. Il 15 febbraio 2022 si è tenuta la consultazione e il risultato è stato impressionante: i tre capi del Board of Education sono stati cacciati con maggioranze che andavano dal 72 al 79 per cento. Sono percentuali inaudite visto che i tre erano tutti della sinistra democratica, e a San Francisco l'ultima elezione presidenziale vide una vittoria di Joe Biden con l'85 per cento dei voti. Una città «monocolore» di sinistra ha dimostrato che c'è un limite a quello che il popolo di sinistra può sopportare.

Il mondo della scuola pubblica è diventato il laboratorio per un esperimento estremo, non solo nelle più note roccaforti della sinistra radicale come la California e New York. David Bernstein, fondatore di un'associazione ebraica libertaria e di sinistra, ha raccontato la sua esperienza di padre di due adolescenti nel Maryland: «Nei licei pubblici frequentati dai miei figli è in corso un controllo antirazzista, i curriculum di studi vengono cambiati per inculcare nei ragazzi le loro identità razziali, etniche, tribali, educarli a combattere i sistemi di oppressione, trasformarli in protagonisti del cambiamento». Il fulcro di quest'operazione è il *1619 Project*, lanciato da alcuni intellettuali Black di estrema sinistra per riscrivere tutta la storia degli Stati Uniti mettendovi al centro lo schiavismo.

Sui banchi di scuola s'insegna ai bambini afroamericani e ispanici che devono ribellarsi contro una società tuttora segnata dalla tara dello schiavismo; ai bambini bianchi si spiega che loro sono impregnati di razzismo. Un sondaggio citato da Bernstein rivela che «l'80 per cento degli studenti americani oggi ha paura a esprimere il proprio parere», teme di essere messo sotto accusa perché non allineato. Non è consentito inserire elementi dissonanti: per esempio ricordare che un immigrato messicano di oggi è per il 90 per cento discendente degli spagnoli, colonizzatori e schiavisti; o che lo schiavismo fu praticato da tutte le civiltà, compresi gli imperi aztechi, africani e arabi; né si possono sottolineare gli enormi progressi fatti dall'America soprattutto dopo gli anni Sessanta.

Questa operazione d'indottrinamento di massa, chiamata Critical Race Theory, con l'appoggio di mass media come il «New York Times», scatena in tutta l'America ribellioni popolari simili a quella delle Mamme

Tigri di San Francisco defraudate del loro paziente lavoro di educazione dei figli (fatica inutile, visto che i risultati scolastici sono decisi da un «sistema razzista»). In Virginia, uno degli Stati dov'è scattata la controffensiva dal basso, gli stessi elettori che avevano votato a maggioranza per Biden nel 2020, nel 2021 hanno eletto un governatore repubblicano che si è distinto per la sua opposizione all'insegnamento della Critical Race Theory. E non bisogna credere che siano solo i bianchi a ribellarsi, oppure quei «privilegiati» degli asiatici. I due terzi degli ispanici sono contrari alla Critical Race Theory, non vogliono che i propri figli siano educati in una cultura del vittimismo, della recriminazione, del rancore e della richiesta di risarcimenti.

L'effetto combinato fra didattica a distanza e indottrinamento ideologico forzoso ha provocato una fuga dalla scuola pubblica verso gli istituti privati, in tutta l'America inclusi i bastioni della sinistra. Nel biennio 2020-2021 sono spariti dall'insegnamento pubblico 1,5 milioni di studenti. Anche molte famiglie afroamericane rifiutano l'estremismo insegnato a scuola e cercano scampo nelle charter school: istituti privati la cui retta può essere pagata con voucher forniti dallo Stato. Anche una parte della comunità Black cerca nel privato un luogo dove ai figli s'insegni la matematica, non la rivoluzione. Non scelgo l'esempio a caso: alcuni dei provveditorati agli studi più radicali, dalla California all'Oregon, hanno proposto l'abolizione dei test di matematica perché troppi ragazzi afroamericani non hanno voti soddisfacenti. Anziché essere più esigenti, meglio abolire il voto. I genitori non ci cascano. Nella sola New York 80.000 studenti sono stati ritirati dalle scuole pubbliche; a Los Angeles 26.000.

Un'alternativa a trasferire i figli in un istituto privato è trasferire tutta la famiglia in Florida. Lì il governatore DeSantis ha bloccato i tentativi di indottrinamento di massa nelle scuole pubbliche. Ha perfino stabilito il diritto per le famiglie di fare causa ai presidi, se i bambini in classe vengono «colpevolizzati» perché portatori di un presunto razzismo genetico in quanto bianchi.

Un Paese spaccato

Quel che è accaduto nella scuola pubblica durante la pandemia non è l'unico discrimine fra le due Americhe, democratica e repubblicana. La Florida si è distinta da New York e dalla California anche per la lievità e brevità dei suoi lockdown. I bilanci non si possono fare dopo un solo biennio. Gli studi sull'efficacia delle politiche antipandemia ci accompagneranno a lungo, quanto il virus. Ma via via che le roventi polemiche sulla fase più acuta del Covid si attenuano, emerge una realtà: la Florida se l'è cavata piuttosto bene. Fu uno dei primi Stati Usa ad abolire le restrizioni e riaprire ogni attività; non volle rendere obbligatorie le maschere o i vaccini. Eppure la sua mortalità è stata simile a quella della California che aveva adottato l'approccio più stringente. Il governatore DeSantis, con un gioco di parole fonetico, venne definito dai suoi avversari democratici DeathSentence – cioè «sentenza di morte» – ma l'ecatombe da Covid non è stata proporzionalmente superiore in Florida rispetto a zone governate dalla sinistra. In compenso l'approccio libertario seguito da DeSantis ha consentito che le scuole funzionassero e l'economia si riprendesse molto prima.

Un indicatore elaborato dal National Bureau of Economic Research mette insieme mortalità, benessere economico, qualità dell'istruzione. La Florida è tra i dieci Stati con risultati migliori, New York e California sono tra i dieci peggiori. Il «Wall Street Journal», che tifa per una politica più liberista, ha commentato così: «Gli Stati con i lockdown più severi hanno sofferto di più nel benessere sociale complessivo, ricavandone pochi vantaggi sul fronte della salute. Possiamo ringraziare la nostra Costituzione federalista. I risultati sarebbero stati peggiori se Washington avesse imposto una sola politica scelta dalla burocrazia federale».

Il fascino della Florida

Poco Stato, poca burocrazia è proprio uno degli argomenti di «marketing» della Florida. Ha il minor numero di pubblici dipendenti in proporzione agli abitanti, fra tutti i cinquanta Stati Usa. La spesa pubblica per ogni cittadino è del 40 per cento inferiore alla media nazionale. Questo «Stato leggero» si mantiene soprattutto con l'imposta locale sui consumi (una specie di

Iva, al 6 per cento) e la patrimoniale dell'un per cento annuo sulla proprietà immobiliare.

I fautori di questa ricetta indicano i sintomi di successo: Miami Beach e Palm Beach sono fra le quattro città più ricche d'America. E non conoscono la piaga dei senzatetto che affligge New York, Los Angeles, San Francisco. Il boom economico della Florida non era scontato, e potrebbe poggiare su basi fragili. All'origine, quando nel 1845 il Congresso di Washington dovette decidere se ammetterla nell'Unione, la Florida fu descritta da un deputato come «una terra di paludi e sabbie mobili, rane, alligatori e zanzare». Rimase a lungo povera e poco abitata. Il suo boom iniziale coincise con la Seconda guerra mondiale: la sua posizione strategica sull'Atlantico spinse a concentrarvi molti investimenti bellici. L'aria condizionata e l'insetticida Ddt resero abitabili zone prima infestate dalla malaria. I boom successivi hanno avuto dei motori sempre più diversificati.

Uno è l'industria spaziale: già sede delle basi Nasa attorno a Cape Canaveral, oggi la Florida accoglie il capitalismo privato che vuole trasformare in business la conquista del cosmo. Walt Disney ha contribuito a farne un'attrazione mondiale da quando nei primi anni Sessanta progettò a Orlando il Magic Kingdom, chiamato anche Disney World. Turismo e speculazione immobiliare vanno a braccetto: l'edilizia vale 160 miliardi di dollari all'anno, quasi un quinto del Pil locale. Dove c'è un sovrainvestimento nel mattone, le bolle sono sempre in agguato: durante il biennio della pandemia sia i prezzi del metro quadro da acquistare sia gli affitti sono schizzati al rialzo del 50 per cento, ma il passato insegna che i crolli possono essere altrettanto veloci e brutali. Tanto più che la Florida è fra gli Stati Usa maggiormente esposti al cambiamento climatico, per gli effetti sull'innalzamento delle acque. Il 20 per cento delle abitazioni si trova in aree ad alto rischio d'inondazione; non a caso le tariffe assicurative per le polizze sulle case sono molto più alte della media americana.

La Florida sarà un laboratorio chiave per misurare la capacità di adattamento dell'America al cambiamento climatico, inclusi gli investimenti per proteggere le zone costiere.

Il jolly della politica e scontri di civiltà

C'è un'altra ragione per cui la Florida merita l'appellativo di laboratorio americano: la politica. Nelle elezioni presidenziali è lo *Swing State* per eccellenza, lo Stato che può vacillare dai democratici ai repubblicani e viceversa, assegnando la Casa Bianca al vincitore. Le sue votazioni spesso si decidono sul filo del rasoio, con differenze microscopiche fra la destra e la sinistra. Il caso più clamoroso fu la contestatissima elezione del 2000, vinta dal repubblicano George W. Bush contro il democratico Al Gore dopo diversi ricorsi e riconteggi di schede e un finale al cardiopalma «arbitrato» dalla Corte suprema. Barack Obama invece fu capace di conquistare la Florida per due volte, e così rafforzò una teoria politico-demografica: la crescente diversità etnica, di cui la Florida è un modello avanzato, avrebbe dovuto consegnare non solo questo ma prima o poi quasi tutti gli Stati Usa all'egemonia della sinistra visto che gli immigrati votano democratico (e fanno anche più figli).

Il nesso con la politica *no border* di una leader dell'ultrasinistra, la deputata newyorchese Alexandria Ocasio-Cortez, è evidente: aprire la frontiera a un'immigrazione senza limiti significa conquistare il potere per l'eternità. Proprio la Florida, però, ha smontato nei fatti questa teoria. È sempre più multietnica, la componente ispanica continua a crescere, ma si sta spostando a destra. E questo non lo si spiega con il ruolo della tradizionale diaspora degli esuli cubani anticomunisti.

I nuovi flussi migratori dall'America latina sono diversificati. In Florida, accanto all'insediamento storico dei cubani, sono cresciuti i colombiani, venezuelani, portoricani, nicaraguegni, dominicani, haitiani e naturalmente i messicani. Un terzo degli elettori appartengono a minoranze etniche e per il 17 per cento sono latinos. Tra questi però la fedeltà al Partito democratico non è più scontata, anzi continua a decrescere. L'approvazione di Joe Biden nel Sunshine State è sotto la media nazionale. Il messaggio liberista di DeSantis piace anche alle minoranze etniche, così come attira quelli che arrivano in Florida da New York o dalla California, lasciandosi alle spalle un modello statalista che non funziona: chi trasloca da San Francisco o Manhattan non rimpiange l'esercito di homeless che cresce proporzionalmente alla spesa statale a loro dedicata, o i servizi pubblici scadenti malgrado l'alta pressione fiscale.

Uno storico di origine latina, Geraldo Cadava, che viene da una famiglia mista con radici messicane, colombiane, panamensi e filippine, spiega perché molti ispanici stanno voltando le spalle alla cultura politicamente corretta degli ultraprogressisti. «La nostra storia» dice Cadava «viene ridotta (nella dottrina della sinistra radicale, N.d.A.) a un racconto di oppressione, lo sradicamento violento delle radici indigene, la resistenza contro il colonialismo, la vittimizzazione da parte dei poteri imperiali. In questa visione, quei latinos che non votano a sinistra lo fanno perché ignorano la propria storia. Alexandria Ocasio-Cortez li ha accusati di non sapere chi sono. Ma i latinos sono stati sia colonizzati che colonizzatori. È ovvio che siamo dei meticci, discendenti da indigeni, spagnoli, arabi, africani e altri gruppi etnici. Siamo stati anche dei sostenitori dell'imperialismo.» In quanto al crescente voto repubblicano, spiega Cadava: «Molti latinos credono nell'economia di mercato, nei benefici del capitalismo, sono contrari all'invadenza statale, e hanno una fede religiosa e dei valori etici conservatori. Molti hanno un ricordo positivo del boom economico sotto la presidenza Trump».

Trump è lui stesso un «immigrato» in Florida. Dopo la sua sconfitta – che lui continua a negare – all'elezione del novembre 2020, decise che il clima politico di

New York gli era troppo ostile e trasferì la residenza nel suo resort di Mar-a-Lago vicino a Palm Beach, in quella che è la seconda più vasta proprietà privata degli Stati Uniti. La storia dell'acquisto di Mar-a-Lago è coerente con tutta la biografia del tycoon immobiliare: la comprò nel 1985 dopo averne fatto crollare il prezzo minacciando di costruire su un terreno vicino un palazzo che avrebbe ostruito la vista.

Il legame di Trump con il Sunshine State sottolinea la rivalità implicita con DeSantis: il governatore è in un certo senso una «creatura» di Trump, però vorrebbe candidarsi alla Casa Bianca e quindi è un rivale del suo ex protettore.

La figura di DeSantis merita attenzione, per la visibilità che si è conquistato durante la pandemia e per il futuro politico che potrebbe avere. A quarantaquattro anni, dopo la caduta della «dinastia» newyorchese dei Cuomo, lui è il politico italoamericano che attira più curiosità, benevola oppure ostile. Governa la Florida dal 2019, dopo esserne stato un deputato dal 2013. Le origini della sua famiglia sono modeste. Il bisnonno Salvatore Storti emigra dall'Italia nel 1904 e si stabilisce in Pennsylvania, dove la moglie Luigia Colucci lo raggiunge solo nel 1917. Il padre del governatore si guadagna da vivere installando dispositivi Nielsen per l'audimat nelle case, la madre è infermiera. Ron, abbreviazione di Ronald, si conquista invece una carriera accademica di alto livello: dopo aver frequentato una scuola cattolica è ammesso alla prestigiosa università di Yale, dove si paga gli studi facendo l'elettricista e l'allenatore di baseball; ne esce laureato in Storia con massima lode. Da lì ad Harvard dove prende una laurea in Giurisprudenza, sempre con lode. L'inizio della sua carriera lavorativa è nelle forze armate ma come esperto giuridico. Fra i vari incarichi spicca quello nella base di Guantánamo, dove dopo l'11 settembre 2001 sono detenuti diversi presunti terroristi, molti dei quali senza aver subito un regolare processo. DeSantis diventa membro dei corpi speciali detti Seal, viene anche dispiegato in uno dei fronti più caldi della guerra in Iraq, a Falluja. Benché il suo lavoro rimanga soprattutto nell'ambito legale, le varie missioni in prima linea gli valgono importanti onorificenze militari: le medaglie Bronze Star, Global War on Terrorism, Iraq Campaign.

La sua carriera politica è segnata dall'ombra di Trump: da deputato Ron è uno dei fondatori del Freedom Caucus, un gruppo di parlamentari conservatori e liberisti che offrono un sostegno compatto a Trump. L'ascesa al ruolo di governatore della Florida è conseguente: nella campagna locale del 2018 DeSantis si presenta agli elettori come un fedelissimo di Trump, che ricambia con un appoggio altrettanto forte. La vittoria sul democratico Andrew Gillum è risicata (0,4 per cento di voti in più, con contestazioni e ricalcoli) e da quel momento in poi il rapporto Trump-DeSantis entra in una fase più tempestosa. Via via che il «modello Florida» acquista visibilità nazionale, in particolare per la gestione della pandemia, le future ambizioni presidenziali di DeSantis insospettiscono Trump e scatenano la sua ostilità. DeSantis non entra mai in aperto conflitto con il suo «padrino», però non fa nulla per placarne l'invidia in una fase in cui si preparano le candidature alla nomination repubblicana per il voto del 2024. L'italoamericano spaventa Trump anche perché sceglie una strategia del sorpasso a destra, come vedremo a proposito dell'aborto.

Ron sembra aver appreso una lezione dagli ultimi sei anni di storia politica: cercare di togliere voti a Trump con un messaggio più centrista e moderato è sbagliato. Il meccanismo delle primarie esalta – a destra come a sinistra – il ruolo delle frange estreme in ciascun partito. I più fanatici, i più arrabbiati sono quelli che affluiscono al voto delle primarie in modo disciplinato e massiccio. Non a caso ci volle un miracolo per «ripescare» il moderato Biden che era partito malissimo nelle primarie del 2016, surclassato dal socialista Bernie Sanders. A destra vale lo stesso meccanismo. Perciò DeSantis non annacqua il suo trumpismo, anzi. Per fare correzioni di rotta in senso moderato c'è sempre tempo, dopo la vittoria.

L'aborto è una prova di questa strategia. Trump è sempre stato ambiguo su questo terreno. Da presidente, ha nominato due giudici costituzionali profondamente religiosi e antiabortisti, consolidando una maggioranza di destra decisa a rovesciare la storica sentenza della Corte suprema in favore della libertà di scelta delle donne. Ma in quanto newyorchese, ateo di fatto, ex democratico, divorziato, Trump non ha mai del tutto tagliato i suoi legami con il mondo ultralaico da cui proviene e perciò sull'aborto non è un crociato. Nell'elettorato repubblicano, invece, la base dei cristiani evangelici antiabortisti è fondamentale. DeSantis in questo è più affidabile di Trump per la constituency religiosa, inclusi i tanti ispanici cattolici o protestanti evangelici.

Come governatore nel 2022 DeSantis ha varato una legge che regolamenta l'aborto, di fatto consentendolo solo nelle prime quindici settimane di gravidanza, vietandolo dopo quella scadenza (sia pure con delle eccezioni: rischio di vita o di gravi danni alla salute per la madre, malformazioni fatali del feto). La Florida fa parte di un ampio movimento nazionale: una trentina di Stati, fra cui il Texas, ha imposto limiti simili a furor di popolo. La questione dell'aborto è tornata così in primo piano nella politica nazionale. Si è tinta di contraddizioni nuovissime, a causa della pandemia. Una fascia di opinione pubblica di estrema sinistra, i no-vax delle campagne contro Big Pharma, i salutisti a oltranza, hanno riesumato il più antico slogan pro aborto: «*My body, my choice*», il mio corpo, la mia scelta. Quella frase storica che le femministe americane usarono dagli anni Sessanta nelle battaglie per legalizzare l'interruzione di gravidanza, alcune femministe storiche e altri esponenti della sinistra radicale no-vax l'hanno lanciata contro chi voleva l'obbligo delle vaccinazioni. DeSantis, in questo caso, stava dalla loro parte: per sua decisione, in Florida neppure un'azienda privata poteva chiedere ai propri dipendenti di vaccinarsi.

«Il mio corpo, la mia scelta» è stata la regola della Florida per il Covid. Ma non lo è più per l'aborto.

La questione del «diritto alla vita del feto» spacca in

due gli Stati Uniti, ma attraversa anche le coscienze più progressiste. Un esempio di sincera incertezza lo dà una intellettuale di sinistra, laica e femminista, Katie Roiphe che dirige un programma di giornalismo alla New York University. Commentando le controriforme antiabortiste più recenti, Roiphe ricorda di aver letto ai suoi studenti un saggio del romanziere David Foster Wallace sul tema «L'autorità e il suo uso in America». Lì si è imbattuta in questo passaggio: «L'unica posizione coerente consiste nell'essere sia *pro-life* sia *pro-choice* (cioè difendere sia il diritto alla vita del feto, sia la libertà di scelta della donna, N.d.A.). C'è una saggezza basilare e indiscutibile in questo principio: di fronte al dubbio insolubile se qualcosa è un essere umano oppure no, è meglio non ucciderlo. Perciò ogni americano ragionevole deve essere *pro-life*. Al tempo stesso abbiamo questo principio: di fronte al dubbio insolubile su qualcosa, non ho il diritto morale o legale di dire a un'altra persona ciò che deve fare. È parte del patto democratico che noi americani abbiamo stretto fra noi. E questo mi sembra richieda a ogni americano ragionevole di essere *pro-choice*».

Roiphe si sofferma su questa possibilità di capire e condividere le idee dell'altra parte, di prenderle sul serio, di esaminarle fino in fondo, per poi trarne le proprie conclusioni senza perciò nutrire disprezzo o sdegno o furia verso chi raggiunge conclusioni diverse. «Questo» osserva la docente «sembra bizzarro e stravagante nel clima attuale. Possiamo contemplare la possibilità che qualcuno dall'altro lato, qualcuno che non la pensa come noi, sia in buona fede e non pazzo o stupido o malvagio?» Roiphe da femminista scopre le sue carte: «Sono sempre stata a favore dell'aborto, ma mi chiedo come definire un feto. Non riesco a pensare un feto di quattordici settimane come un grumo di cellule. Avendo visto, in un'ecografia, battere il cuore di un feto di otto settimane, sento una simpatia segreta verso l'interpretazione che quello è vita».

Un'altra celebre femminista critica, la scrittrice Caitlin Flanagan, è sulla stessa lunghezza d'onda: «La verità è che gli argomenti a favore di ciascuna tesi sono forti, e se tu non lo riconosci allora non stai affrontando seriamente la questione dell'aborto». Le posizioni di Roiphe e Flanagan sono minoritarie. Se mai un giorno dovessero prevalere, questa sì sarebbe una rivoluzione americana. Roiphe commenta con amarezza: «Mi interrogo su questo approccio filosofico in generale. Sarebbe nel nostro interesse prendere seriamente in considerazione gli argomenti più forti della parte avversa? Che sconvolgimento ne risulterebbe nel nostro paesaggio politico? Forse Twitter fallirebbe all'istante? L'identità politica appassionata che molti di noi esibiscono è basata sulla contrapposizione noi contro loro, i sani di mente contro i pazzi, noi speranza dell'umanità contro loro spazzatura della terra. C'è un'oscura lotta faziosa per impadronirsi della gloriosa, ambigua, pericolosa nozione di libertà».

La Florida di Ron DeSantis ha deciso da che parte stare nel paesaggio politico, ha la sua interpretazione della libertà americana, ed è un grumo di contraddizioni come tutte le altre, senza eccezione. Per adesso il flusso di migranti interni che abbandonano New York, New Jersey, Pennsylvania, California per affluire nel Sunshine State stanno premiando questa scelta di campo. Votano con i piedi anche per adesione a un universo di valori. Le convenienze economiche di un modello di governo locale che per adesso sembra funzionare si aggiungono alla difesa di una morale tradizionale e di una certa idea dell'identità nazionale. Dopotutto, perfino il 33 per cento degli elettori democratici, tra cui molti ispanici e molti Black, è convinto che l'America del politicamente corretto «sta perdendo la sua cultura». Che sia l'italoamericano DeSantis uno dei crociati più in voga per la difesa dei valori nazionali la dice lunga sul patriottismo dei figli e nipoti d'immigrati.

Ricordate la scena di Biancaneve addormentata dopo aver mangiato la mela avvelenata, e il lieto fine con il principe che la sveglia da quel sonno fatale baciandola? Altro che lieto fine: quella è un'incitazione allo stupro. Se la ragazza dorme non può essere consenziente. Walt Disney ha formato generazioni di violentatori? L'accusa è stata lanciata da due giornaliste del sito «SFGate» dopo una visita al Magic Kingdom, il parco attrazione detto anche Disney World, a Orlando.

La Disney ha preso molto sul serio la questione. La scena del bacio è candidata alla censura, nella sua riproduzione dentro il parco. Potrebbe essere segnalata come diseducativa ai genitori che vogliano mostrare a casa il film (uno dei primi classici di Walt Disney, anno

1937, tratto da una fiaba dei fratelli Grimm). Il riesame si estende alle figure dei sette nani, giudicate offensive verso l'intera categoria delle persone di bassa statura. Questa e molte altre storie sono sotto accusa, sia nei film sia nelle attrazioni dei parchi divertimenti. Disney accetta le critiche e le fa proprie, abbraccia con fervore la cancel culture, procede a censurare tanti film storici che piacciono all'infanzia da tre generazioni, li toglie dai cataloghi di streaming per bambini, o li fa precedere da avvertenze: la storia dell'elefantino Dumbo (1941), si scusa in anticipo, è scorretta perché alcuni personaggi minori possono sembrare degli afroamericani descritti in modo razzista; lo stesso vale per un gatto siamese negli *Aristogatti*, caricatura politicamente scorretta di un asiatico; o per alcuni indigeni in *Peter Pan*; *Aladdin* rischia di sembrare islamofobo. In preda al furibondo «pentimento bianco», la californiana Disney impone ai suoi sceneggiatori un decalogo che esalta tutte le minoranze, nei nuovi film i protagonisti devono essere coppie gay, transgender, Black o messicani o altre minoranze etniche. Guai se le bambine sono «femminili» in senso tradizionale, i loro caratteri devono rovesciare ogni stereotipo: forza, violenza, propensione a dominare ora sono un diritto di tutti gli ex oppressi.

La crociata della Disney per la catarsi morale la porta in rotta di collisione con la Florida, e produce un altro «scontro di civiltà» che ha il suo epicentro in questo Stato. La Florida è essenziale per il business della Disney. Anche se il quartier generale della società rimane a Burbank in California, il suo più vasto parco divertimenti è appunto Disney World. Inoltre dai porti di Miami e Cape Canaveral partono molte crociere marittime col marchio Disney, sempre studiate per un turismo familiare. Solo in Florida la Disney ha ottantamila dipendenti. Il parco di Orlando è il numero uno del mondo per visitatori: 58 milioni all'anno. In Florida quindi la multinazionale dell'entertainment realizza una fetta sostanziale dei suoi 73 miliardi di dollari di fatturato. Ed è qui che ferve il cantiere della rivoluzione politicamente corretta nel megaparco.

La top manager Vivian Ware, responsabile dell'ufficio Diversità e Inclusione, ha deciso che all'ingresso di Disney World gli animatori non dovranno usare più saluti del tipo «Signore e signori, bambine e bambini» per non rinchiudere il pubblico in identità sessuali rigide. Intere sezioni del parco sono destinate alla ristrutturazione perché non superano gli esami della nuova censura. Per esempio lo spettacolo *Pirati dei Caraibi* in cui un corsaro mette all'asta delle donne catturate come bottino: impossibile far vedere un simile orrore oggi (e non importa se all'epoca dei pirati lo schiavismo era una realtà storica, le aste per la vendita delle prigioniere pure). In ogni angolo del parco divertimenti la polizia del politicamente corretto dà la caccia ai dettagli che possono offendere le sensibilità odierne. La manager Ware promette «sempre più caratteri Lgbtq» nelle storie della Disney. Il personale che lavora nei parchi viene incoraggiato a esibire identità sessuali indefinite o fluide. Tutti i dipendenti della Disney sono sottoposti a «corsi sul razzismo bianco», invitati a «rieducarsi per estirpare il razzismo strutturale». Un questionario sul «privilegio dei bianchi» comincia col selezionare i reprobi: chi mette la croce sulle caselle «sono un bianco», «sono un maschio», «ho tuttora la stessa identità sessuale dalla nascita» finisce nella categoria da rieducare.

Questa trasformazione della Disney in un'avanguardia della rivoluzione *woke*, quella che esige il processo permanente alla razza bianca «risvegliata» alla consapevolezza dei propri peccati, in Florida ha provocato malumori, proteste, appelli al boicottaggio. Gruppi di genitori conservatori hanno organizzato cortei e sit-in davanti a Disney World per denunciarne la politicizzazione. Pur rimanendo uno dei maggiori datori di lavoro del Sunshine State, la multinazionale dello spettacolo è stata percepita di colpo come una presenza straniera, un invasore ostile venuto dalla «Left Coast», la costa di sinistra, come viene ribattezzata la West Coast. Da tempo le scene di picchetti davanti agli ingressi, gli striscioni contro la «Woke Disney» sono diventati uno spettacolo preliminare che introduce i visitatori al Magic World.

Ma la vera guerra tra la Disney e la Florida è scoppiata nel marzo 2022 in modo ancora più fragoroso. Il detonatore è stata una legge firmata dal governatore DeSantis, il Parental Rights in Education Bill. La sua difesa dei «diritti dei genitori nell'istruzione» è stata bollata dall'opposizione di sinistra – minoritaria in Florida – come «Don't Say Gay Bill», cioè la legge che proibisce di dire gay. Questa è una forzatura. La legge in realtà regolamenta l'educazione sessuale nelle scuole pubbliche dello Stato, vietando che dalla scuola materna alla terza elementare si affrontino i temi dell'orientamento sessuale e della identità di genere. Dopo la terza elementare l'educazione sessuale è consentita purché il materiale didattico sia «adeguato all'età degli alunni». «I genitori mandano i figli a scuola perché ricevano un'istruzione, non un indottrinamento militante» dice DeSantis. La preoccupazione è nata dal basso, dalle famiglie. Discutere in età così giovane, e senza la supervisione dei genitori, i temi dell'identità sessuale «fluida» o del cambio di sesso spaventa molte famiglie. La loro preoccupazione è controversa ma comprensibile. Da quando l'agenda politica dei diritti dei transgender si è imposta a livello nazionale, le indagini demoscopiche rivelano un'impennata della percentuale di bambini e adolescenti che rimettono in discussione il proprio sesso. Il timore che si tratti anche di una moda, trainata da nuovi modelli culturali e icone giovanili, è legittimo. Le mode possono essere irresistibili, e talvolta gli effetti sono irreversibili, ma finché si tratta di capelli colorati, tatuaggio o piercing le conseguenze non sono le stesse di un cambio di sesso.

DeSantis si è schierato con la maggioranza dei genitori, vietando quei temi nelle prime classi elementari, e poi per le classi successive imponendo una didattica mirata sull'età degli alunni, e un coinvolgimento dei genitori. L'America progressista boccia questa legge come omofobica e transfobica. La Disney, per la sua presenza imponente in Florida, ha subito enormi pressioni interne: dei gruppi di dipendenti (in California più che altrove) hanno accusato il chief executive Bob Chapek di non difendere le minoranze sessuali oppresse. Il top manager si è piegato, dichiarando apertamente l'opposizione dell'azienda al Parental Rights in Education Bill. Ha annunciato inoltre che sospenderà ogni finanziamento elettorale ai repubblicani della Florida (dove la Disney, come altrove, versa contributi a entrambi i partiti).

La guerra tra la Disney e lo Stato che ospita il suo maggior parco divertimenti è salita d'intensità coinvolgendo le tasse. DeSantis ha annunciato che cancellerà l'esenzione fiscale di cui gode la multinazionale dello spettacolo e divertimento. Dal 1967, su richiesta specifica del fondatore Walt Disney, la Florida ha disegnato attorno al Magic Kingdom una circoscrizione amministrativa speciale. Si chiama Reedy Creek Improvement District, nei fatti funziona come una provincia autonoma. Il suo status è quello di un paradiso fiscale. In quel territorio ricavato appositamente per contenere il parco Disney World, l'azienda gode di sgravi fiscali e anche di una deregulation sulle norme ambientali e urbanistiche. Il deputato repubblicano della Florida Matt Gatez stima che l'insieme di questi privilegi «fa risparmiare 592 milioni di dollari all'anno alla Disney e li scarica sugli altri contribuenti del nostro Stato». L'offensiva si allarga a livello nazionale. Al Congresso di Washington, il deputato repubblicano Jim Banks dell'Indiana propone di non estendere più il copyright che protegge Topolino e tutti i giochi o gadget che ne usano l'immagine: in passato i diritti d'autore furono rinnovati periodicamente oltre la loro scadenza naturale. In questa guerra di religione, che oppone una multinazionale simbolo del capitalismo progressista all'America conservatrice, i repubblicani non risparmiano nessun colpo. Sui media di destra vengono citate tutte le concessioni che la Disney fa in nome del suo business miliardario a regimi stranieri liberticidi, omofobi, dove regna la censura contro le minoranze sessuali: il servizio di streaming Disney+ ha stretto accordi con una lunga lista di Paesi islamici dove l'omosessualità è un reato; e la casa produttrice ha censurato alcuni suoi film per sottostare ai diktat del governo di Pechino. Inoltre ha prodotto diverse scene del film *Mulan* in alcune zone dello Xinjiang dove vengono commessi abusi contro i diritti della minoranza islamica uigura. Nelle polemiche contro la Disney affiora un tema sollevato dal drammaturgo David Mamet: la «rieducazione» in corso dentro la multinazionale californiana, posseduta da miliardari bianchi, è un episodio dell'autocolpevolizzazione di minoranze bianche privilegiate, che attraverso questi riti di espiazione si compiacciono della propria superiorità morale sul resto della nazione.

DeSantis contro Topolino: anche in questa battaglia il governatore della Florida è riuscito a conquistarsi una visibilità enorme; il suo Stato si conferma come un luogo dove l'America conservatrice pianifica la propria riscossa.

L'ascesa politica di DeSantis e del modello-Florida potrebbe essere ostacolata dal riesplodere a livello nazionale della guerra di religione sull'aborto? Nella primavera del 2022 era in voga questa teoria: la rimonta elettorale dei repubblicani prevista già per le elezioni di metà mandato (novembre 2022) sarebbe compromessa perché la destra ha voluto stravincere la campagna *pro-life* negando una libertà fondamentale alle donne. Mentre scrivo sembra quasi certo che la Corte suprema si appresti a revocare il diritto costituzionale all'interruzione di gravidanza. Questo non significa vietare l'aborto. La maggioranza dei giudici si limiterebbe a sostenere che quel diritto non ha basi nella Costituzione, va regolato per legge. Di conseguenza sulla materia devono legiferare il Congresso federale o i singoli Stati, come hanno già fatto la Florida e altri. Il movimento «per il diritto alla vita» si batteva da quasi mezzo secolo per rovesciare la sentenza «Roe vs Wade» che nel 1973 affermò il diritto costituzionale all'interruzione di gravidanza. I democratici sperano che l'attacco alla libertà di scelta mobiliti la loro base, facendo salire l'affluenza alle urne, in particolare fra le donne. La via maestra per risolvere la diatriba in modo univoco per i cinquanta Stati Usa sarebbe una legge federale approvata dal Congresso di Washington. La sinistra sottolinea che l'opinione pubblica è favorevole all'aborto con percentuali fra il 60 per cento e il 70 per cento a seconda dei sondaggi. Eppure non esiste una maggioranza parlamentare per legiferare in tal senso, perché alcuni senatori e deputati democratici sono sensibili agli argomenti del fronte antiabortista. Inoltre i sondaggi danno risultati diversi se gli elettori e le elettrici vengono interrogati sulle norme che limitano l'aborto alle prime quindici settimane di gravidanza come in Florida: qui esiste una maggioranza relativa a favore. In qualunque senso l'aborto possa influire, la campagna elettorale rivela ancora una volta una società americana dilaniata da contese esistenziali, valoriali. Uno «scontro di civiltà» che si estende a questioni morali di fondo. Benché esista un centro moderato, che anche sull'aborto è disponibile a soluzioni di compromesso, i social media amplificano le scomuniche incrociate, la demonizzazione dell'avversario.

Su un giornale di sinistra, il «New York Times», l'opinionista moderato Ross Douthat mette in dubbio gli argomenti degli abortisti. «I progressisti» scrive Douthat «si descrivono come il partito che lotta per difendere la democrazia. Ma i giudici costituzionali vogliono restituire l'aborto al metodo democratico, anziché sequestrarlo in mano a una tecnocrazia togata. [...] E benché i progressisti dicano di battersi soprattutto per i diritti delle donne più povere, la realtà è che proprio le più povere e meno istruite sono per il diritto alla vita del feto, mentre gli abortisti sono la maggioranza tra i ricchi e i laureati. [...] Così anche le divisioni sull'aborto accelerano un divario che segna la nostra politica oggi: la destra rappresenta le classi lavoratrici, la provincia profonda e i credenti, la sinistra rappresenta il ceto manageriale laico. [...] L'America progressista scivola verso una miscela debilitante di certezze tecnocratiche, assenza di curiosità verso gli altri, senso di superiorità morale, ignoranza su ciò che pensano gli avversari.»

L'aborto contribuisce ad allontanare New York dalla Florida, o la California dal Texas. Questo non significa che l'America repubblicana sia una sorta di Medioevo. Gli Stati del Sud che hanno già introdotto restrizioni all'aborto di solito lo consentono per le prime quindici settimane dal concepimento. Un limite meno corto rispetto all'Italia, dove l'interruzione di gravidanza è consentita nei primi novanta giorni, in Francia il limite è dieci settimane, in Germania, Danimarca e Belgio è dodici settimane. Alla fine il metodo democratico dà questo risultato: c'è un'America dove prevalgono i credenti e l'aborto è molto difficile se non del tutto vietato; chi vorrà o dovrà comunque interrompere la gravidanza cercherà sussidi per viaggiare fino alle cliniche accoglienti di Manhattan o di Los Angeles.

È un'altra frontiera, invisibile agli occhi del viaggiatore europeo, è una barriera etica e legale che dilata le distanze fra le Americhe.

4
È il Paese dove tutti girano armati?

Addio Ana di sette anni che potevi diventare musicista da grande, come tuo papà.

Addio Jesse, massacrato da una raffica di spari mentre stavi costruendo una casetta di marzapane.

Addio Grace, dagli occhi così blu che ti chiamavano «little doll», bambolina.

Addio a Olivia che doveva essere l'angioletto nella recita di Natale.

Addio Josephine che aveva appena festeggiato i sette anni.

Addio agli altri quindici bambini, tutti euforici in una mattina di dicembre, quando in prima elementare il clima è già Natale, in classe si preparano decorazioni e regalini, lettere di auguri ai genitori o ai nonni, disegni e pacchetti colorati. Se ne sono andati in un giorno di gioia e di eccitazione, nel periodo dell'anno in cui la scuola è solo una grande festa, si ascoltano fiabe e *Jingle Bells*.

Questi ritratti di bambini li ho dovuti scrivere dopo una sparatoria che ne uccise venti, in una scuola elementare americana. Era il 14 dicembre 2012, la scuola si chiama Sandy Hook, nella città di Newtown, nello Stato del Connecticut. In automobile dista un'ora e mezza da New York. A uccidere quei venti bambini, e anche sei adulti che lavoravano come insegnanti o bidelli fu un ragazzo di vent'anni. Si chiamava Adam Lanza. Ammazzò anche sua mamma e si sparò. Usò un fucile molto potente, trovato in casa, di proprietà della madre. Dopo quella tragedia i medici hanno detto di lui che aveva delle gravi malattie mentali. Un ragazzo con dei problemi psichici in America non ha difficoltà a procurarsi le armi. Ce ne sono tante in giro, e nel caso di Adam Lanza il fucile era già in casa. Ma anche comprarne uno nuovo non è difficile, in molte zone degli Stati Uniti.

La strage di Sandy Hook la ricordo bene perché morirono così tanti bambini, e così piccoli. E anche per certi strascichi, in parte mostruosi, in parte positivi. Purtroppo di sparatorie nelle scuole ce n'erano state molte anche prima, e ce ne sono state altre anche in seguito.

Mi sono rimaste nella memoria le storie di un paio di quei bambini morti alla scuola elementare Sandy Hook.

Ana Marquez Greene aveva sette anni e si era trasferita da poco a Newtown, coi genitori e il fratello maggiore. Mamma e papà l'avevano iscritta nella scuola della strage solo tre mesi prima, a settembre del 2012. A Newtown i Greene avevano iscritto i figli alla Sandy

Hook Elementary School per la sua fama eccellente. È una di quelle scuole così stimate che le famiglie scelgono la cittadina e il quartiere proprio perché i figli vi siano ammessi. La nonna di Ana, Elba Marquez, se lo ricorda: «Cercavano la migliore scuola possibile, ed era davvero un posto magnifico, tranquillo. Nessuno poteva immaginare l'inferno che si è abbattuto in un'oasi di benessere come quella».

Jesse Lewis, sei anni, «era un bambino felice» dice il padre «e ancora più felice quella mattina, quando l'ho lasciato davanti al portone della scuola alle nove, perché sapeva che in classe avrebbero passato la giornata a costruire casette coi dolci». Come la casa della favola di *Hansel e Gretel*, con pan di zenzero, cioccolato, marzapane. «Poi ci avrebbero invitati per mostrarci le loro creazioni. Una tradizione natalizia. Non vedevamo l'ora, noi adulti, di tornare a scuola per quell'evento. E invece l'ultima volta che l'ho visto rimarrà per sempre quel venerdì mattina alle nove, quando si è voltato a salutarmi, ed è entrato in classe.» Il padre si aggrappa a una consolazione: l'immagine finale che gli resta del bambino è un volto sorridente, sereno, eccitato. «Era un bambino felice, lo dicevano tutti. A scuola era bravo. Nella fattoria della mamma, adorava giocare con gli animali. Avrebbe fatto grandi cose nella vita, di sicuro.»

È la fiducia che ogni genitore conserva nel cuore quando i bambini sono ancora così piccoli: sono gli eredi dei tuoi sogni, chissà quali meravigliose sorprese il futuro riserverà loro.

Per quei genitori straziati purtroppo il futuro teneva in serbo un altro colpo di scena macabro, un'altra sorpresa atroce. Dopo il lutto, una beffa crudele: l'invasione dei negazionisti. Arrivarono da tutta l'America, i seguaci di una teoria del complotto farneticante, per raccogliere le prove: che quella strage non era avvenuta, era una montatura, una finzione. Orchestrata dai media di sinistra, ordita da Barack Obama per limitare il diritto di girare armati. Sembra impossibile, e al confronto i negazionisti del clima o i no-vax appaiono più umani, ma è proprio accaduto: i genitori dei bambini massacrati nella scuola elementare Sandy Hook furono assediati da una folla di invasati. Li aspettavano sotto casa per fare domande, coglierli in fallo, scoprire contraddizioni su quel che accadde il 14 dicembre.

Grazie a internet dove fioriscono le teorie cospirative più allucinate, il fenomeno non fu ristretto a pochi fanatici. Ebbe molti milioni di spettatori un mini documentario di trenta minuti che è il film culto dei negazionisti. S'intitola *Sandy Hook Shooting – Fully Exposed*, cioè: tutta la verità su Sandy Hook messa a nudo. Il video riprende le cronache televisive andate in onda nelle prime ore dopo la strage dei bambini, per sottolineare con maniacale e paranoica pignoleria ogni discrepanza, rettifica, contraddizione: sulla cronologia della sparatoria, sul tipo di armi usate. Nel rivedere e commentare quelle immagini televisive, gli autori del documentario notano con sospetto che i genitori di tre bambini («presunte» vittime, le chiamano loro) non sembrano «abbastanza addolorati» davanti alle telecamere. Sono dunque dei simulatori? Un altro cittadino di Newtown intervistato dalle tv subito dopo la strage, Gene Rosen, secondo l'accusa del documentario-denuncia sarebbe un «noto attore», specializzato a recitare in «situazioni di crisi». I reporter del giornale locale, il «Newtown Bee», finirono anche loro tra i bersagli dell'invasione negazionista.

«Quando le troupe televisive lasciarono Newtown» scrive Rachel Aviv sul «New Yorker» «e cioè poco dopo gli ultimi funerali dei bambini, una nuova categoria di investigatori prese il loro posto. Appartengono a The Sandy Hook Truther Movement.» La sigla di questo movimento, «Truther», significa difensori della verità. (Così si definivano anche coloro che volevano dimostrare che Obama non è nato alle Hawaii bensì in Kenya, dunque è un impostore, un alieno ineleggibile come presidente.) Per il Truther Movement il massacro di Newtown non è mai avvenuto, quel giorno andò in onda una gigantesca messinscena, con la finalità di limitare il diritto costituzionale alle armi. L'invadenza dei negazionisti era ossessiva, il piccolo municipio di Newtown venne assediato da domande di certificati di decesso, richieste sull'ubicazione specifica delle tombe dei bambini, per andare a dimostrare che non erano mai morti.

Sandy Hook rimane un episodio eccezionale anche per l'epilogo – provvisorio – avvenuto proprio dieci anni dopo. Nel 2022 quella strage è stata la prima a costare cara all'industria delle armi; e anche i complottisti hanno finito per pagare un prezzo.

La Remington, produttrice del fucile Bushmaster AR-15 con cui il ventenne Lanza compì il massacro, è stata condannata da un tribunale del Connecticut a versare 73 milioni di dollari ai genitori di alcune vittime. Si è trattato della più costosa condanna di un fabbricante di armi per una sparatoria di massa. In parallelo, la giustizia ha condannato Alex Jones, celebre conduttore di un talk radiofonico di estrema destra, per essere stato un megafono delle teorie cospirative e delle campagne negazioniste. La storia di questi processi è illuminante, anche questa è uno squarcio di realtà americana. Anzitutto per questo dettaglio sconcertante: solo nove coppie di genitori delle vittime si sono costituite come parte lesa. Fra gli altri, alcuni hanno rifiutato le vie legali per il comprensibile timore di uno stress eccessivo. Ma ci sono casi di genitori che si sono tirati indietro perché non volevano apparire impegnati in una crociata contro le armi, essendo favorevoli al diritto costituzionale di armarsi. Il team di avvocati che ha vinto la causa ha dovuto escogitare una strategia molto speciale, visto che il diritto alle armi gode di una protezione molto estesa, e i fabbricanti d'armi hanno poco da temere. I legali dei genitori di Sandy Hook sono riusciti a dimostrare che il produttore del fucile aveva violato una legge sulla protezione del consumatore nello Stato del Connecticut: facendo pubblicità tra i minorenni di un'arma che non possono acquistare. La prova decisiva: un videogame, *Call of Duty*, di cui l'assassino Adam Lanza era un cultore ossessivo, e dove le stragi virtuali avvengono con il fucile Bushmaster. Nella scuola Sandy Hook, Lanza aveva lasciato dei caricatori incollati con nastro adesivo, esattamente come appaiono nel videogioco.

La vittoria in tribunale nel 2022 è stata salutata come una potenziale svolta nella campagna per rendere l'America un po' meno armata e un po' meno pericolosa. Bisogna essere cauti, però. Alcuni dettagli non sono incoraggianti. La strategia che consiste nell'attaccare l'industria delle armi sul terreno economico s'ispira al precedente delle megacause giudiziarie contro Big Tobacco, per far pagare ai produttori di sigarette i danni del cancro ai polmoni. L'idea è attraente, ma ha dei limiti. Guardiamo al caso concreto. La marca di fucili Bushmaster al momento della strage era di proprietà di un celebre fondo d'investimento speculativo, Cerberus Capital Management. Lo stesso fondo aveva fatto incetta di fabbriche di armi, inclusa la marca Remington che produce fucili dai tempi della conquista del West (fu fondata nel 1816). Cerberus aveva fuso tra loro diverse marche di armi, usando il nome più «prestigioso» che è quello della Remington, come azienda capogruppo. Dopo la strage di Sandy Hook la Remington ha fatto bancarotta ben due volte, e c'è chi sospetta che i fallimenti a ripetizione siano serviti ad allungare i processi nonché a ridurre il capitale disponibile per i risarcimenti. Infine, il verdetto sui 73 milioni di indennizzi che conseguenze ha, esattamente? A pagare quella somma non è la Remington-Bushmaster, sono le quattro compagnie assicurative dell'azienda ormai defunta. Il danno è sfuggente. Gli assicuratori potranno rivalersi su tutti i loro clienti, «spalmando» il costo di quella penalità sui rialzi di tariffe applicati a tante altre aziende. Non c'è un colpevole dietro le sbarre. C'è un giro di denaro, che non viene estratto dal top management o dai capitalisti delle armi.

Del resto l'idea di fare giustizia colpendo il portafoglio dei capitalisti si rivelò un'illusione anche a proposito di Big Tobacco. L'industria delle sigarette esiste ancora, è sopravvissuta alle indennità versate. Il vizio del fumo si è ridotto molto, grazie alle campagne educative e ai molti divieti (incluso quello che colpisce la pubblicità). Ma Big Tobacco si è diversificato investendo su sigarette elettroniche e soprattutto marijuana, approfittando del fatto che una nuova cultura benedice lo spinello.

Una lezione altrettanto mesta viene dal processo contro i negazionisti. L'agitatore radiofonico Alex Jones è stato condannato a pagare un milione di dollari alla sua vittima principale, Lenny Pozner, papà di Noah, il più piccolo dei bambini uccisi il 14 dicembre 2012. Però nel decennio dopo la strage, Jones ha perseguitato Pozner diffondendo il suo indirizzo privato tra le orde fanatiche dei Truther. Pozner ha dovuto traslocare una decina di volte per sottrarsi alle minacce. Una donna che voleva ucciderlo è stata incarcerata in Florida nel 2017. Tuttora Pozner è un «braccato». Un altro dei negazionisti condannato in tribunale è James Fetzer, autore del libro *Nessuno morì a Sandy Hook*. Anche lui ce l'aveva con Pozner, lo accusava di avere fabbricato un falso certificato di decesso per Noah. Condannarne due non basta perché il veleno di quelle calunnie è in circolazione, forse per l'eternità.

Di sparatorie nelle scuole americane ce ne sono state tante. Noi ci ricordiamo solo le più «famose». Una di queste avvenne quando io mi stavo per trasferire a vivere in America, nel 1999. Nel liceo della cittadina di Columbine, nello Stato del Colorado, morirono dodici studenti e un professore. A ucciderli erano stati due studenti dello stesso liceo, un diciottenne e un diciassettenne. Erano riusciti a procurarsi diversi fucili a ripetizione, e anche delle bombe. Siccome non erano ancora maggiorenni quando preparavano quella strage, le armi gliele aveva comprate un amico un po' più grande di loro.

Un'altra che ricordo è del 14 febbraio 2018, il giorno in cui si celebra la festa degli innamorati, San Valentino. Questa volta il liceo colpito si trovava nella cittadina di Parkland, non lontano da Miami, nello Stato della Florida. Un ragazzo che era stato espulso da quella scuola, un diciannovenne con dei problemi mentali, uccise quattordici studenti e tre adulti che lavoravano nella scuola, tra cui un professore che fece scudo col suo corpo per salvare la vita agli allievi durante la sparatoria. Dopo quella strage uno dei ragazzi sopravvissuti inviò questo messaggio al presidente degli Stati Uniti, Donald Trump: «Non voglio le sue condoglianze. Molti dei miei compagni di classe sono morti. Faccia qualcosa invece di pregare. Un controllo sulle armi potrebbe impedire che questo succeda ancora».

Come reagì Trump quella volta? Abbracciando la tesi secondo cui le stragi nelle scuole sarebbero state evitate se gli insegnanti potessero andare a scuola armati. In alcuni Stati Usa si discute proprio di questo: se la migliore prevenzione non consista nell'aumentare la diffusione delle armi, così che per ogni pazzo determinato a fare una carneficina, «ci siano cittadini onesti, e armati, in grado di neutralizzarlo». Dal Texas alla Florida, sono stati segnalati molti esempi di insegnanti che vanno in classe armati e promettono di fare fuoco per primi se qualcuno attacca i loro studenti. Sembra una follia, ma sta accadendo.

I repubblicani sono quasi tutti e quasi sempre d'accordo con quello che dice la potente organizzazione che rappresenta gli interessi dei fabbricanti e dei venditori d'armi. In inglese questa si chiama una lobby, cioè un gruppo di pressione che cerca di convincere i politici a fare i suoi interessi. Anche tra i democratici molti non osano sfidare questa lobby per paura di perdere voti. L'organizzazione che difende il diritto ad avere armi a ogni costo si chiama National Rifle Association, letteralmente si traduce in «organizzazione nazionale dei fucili». Ogni anno pubblica le sue liste di parlamentari amici o nemici, e la sua compattezza elettorale è temibile: chi vuole poter girare armato e avere un arsenale in casa, il giorno delle elezioni vota secondo le istruzioni della National Rifle Association, elegge solo quei politici che promettono di non cambiare le leggi.

È interessante soffermarsi sul parere della polizia. Molti agenti si sentono più vicini al Partito repubblicano perché considerano che la destra li difende, vuole più ordine e rispetto della legge. Però la polizia deve anche lavorare in un Paese dove troppi girano armati e questo aumenta i rischi di scontri a fuoco per le forze dell'ordine. La polizia americana è generalmente favorevole a norme più severe contro le armi ultrapotenti, e sui controlli d'identità che al momento della vendita possono scremare i soggetti più pericolosi, individui già condannati per reati violenti, sospetti terroristi, o con problemi di salute mentale. Le statistiche sui morti d'arma da fuoco confermano una sproporzione enorme tra il bilancio delle vittime americane e il resto del mondo. La vera strage invisibile è uno stillicidio quotidiano: violenze domestiche, suicidi, banali incidenti, bambini che mettono le mani sull'arsenale dei genitori. Sono tante tragedie che non fanno notizia perché in questi casi le vittime muoiono uno alla volta, magari per una lite fra le mura di casa che è degenerata.

Per capire quanto il pericolo delle armi sia una costante nella vita degli americani, ho un aneddoto familiare. Mia figlia Costanza, trentasei anni nel 2022, è una professoressa di scienze ambientali alla San José State University in California. Un giorno di marzo del 2018 riceve dal suo rettore questa email, rivolta al personale accademico e agli studenti: «Buongiorno a tutti. Stamattina presto è stata trovata una scritta nella toilette femminile del terzo piano: "Sparatoria alle cinque di domani". L'University Police Department, UPD (le università americane hanno corpi di polizia interni, e già questo la dice lunga, N.d.A.) è stato allertato per aprire un'indagine. L'UPD ha stabilito che la minaccia non era credibile, ma per precauzione gli agenti in uniforme pattuglieranno le aule a partire dalle 16.30. Le attività devono proseguire nella normalità. I corsi non saranno sospesi e gli uffici amministrativi resteranno aperti. Io parteciperò alle pattuglie di polizia. Capisco che questo è un momento sgradevole, ma la situazione sembra quella di una minaccia lanciata per creare paura, non l'avvertimento di un vero attacco. Cerchiamo di mantenere la normalità pur aumentando ulteriormente la nostra vigilanza».

Questa è una paura ordinaria di una giornata come tante, in una università americana. O in un liceo. O in una scuola elementare. I falsi allarmi sono all'ordine del giorno. Fortunati quelli che vivono «solo» con queste paure, come finora è accaduto a Costanza, e non devono subire una sparatoria vera. Però, a ogni strage, il pensiero è inevitabile: poteva toccare a lei. Chissà a chi tocca la prossima. Anche questa è la «nuova normalità». Dopotutto ci siamo abituati al fatto che gli aeroporti siano considerati zone di guerra, dove ogni passeggero viene perquisito come un potenziale terrorista. Questo è vero nel mondo intero, il terrorismo ha colpito ovunque. Ma in America la diffusione delle armi ci espone a tante minacce in più, perché anche degli individui che non hanno un'ideologia dell'odio o una propensione criminale possono trasformarsi in omicidi in un raptus di vendetta e comprare le armi per una strage. Alcune scuole di New York, in quartieri degradati dove c'erano studenti che arrivavano armati, il metal detector lo hanno già.

La violenza è un dato permanente della storia americana. Da sempre. Parlare di «escalation delle stragi» forse è esatto se ci si riferisce alle scuole, ma solo perché da un paio di decenni la violenza si è scatenata in quei luoghi. Ha preso forme nuove, «quasi-terroristiche» nel senso che colpisce alla cieca, nel mucchio. Inoltre la disponibilità di armi semiautomatiche ha amplificato il bilancio delle vittime che si possono falcidiare in pochi minuti. Ma la violenza c'è sempre stata, anche se colpiva altri bersagli e usava armi diverse.

Il giorno in cui Costanza riceve quell'allarme in facoltà, io mi trovo dall'altra parte degli Stati Uniti, ad Atlanta in Georgia. Per il mio lavoro di giornalista, quel giorno sto visitando la casa che fu del sacerdote nero Martin Luther King, il leader del movimento per i diritti civili, il profeta pacifista assassinato mezzo secolo fa. L'anno 1968 per gli americani fu segnato da una violenza spietata. Il pastore King fu ucciso ad aprile, a giugno toccò a Bob Kennedy. S'incendiarono i ghetti neri di molte città, la guerriglia urbana fece altre vittime. D'estate la convention del Partito democratico a Chicago (che doveva nominare il candidato alla presidenza) fu turbata dalle manifestazioni contro la guerra del Vietnam, a cui la polizia rispose con dei pestaggi talmente feroci che gli eventi furono descritti a posteriori come «i tumulti dei poliziotti».

Risalendo più indietro, questa è la nazione che ha

avuto più presidenti assassinati nella sua storia (quattro uccisi nell'esercizio della funzione: Lincoln, Garfield, McKinley, Kennedy; sette tentati omicidi tra cui i due Roosevelt e Reagan). È una nazione con un passato macchiato da violenze di massa: il genocidio dei popoli nativi, e lo schiavismo da cui uscì con una guerra civile tanto sanguinosa da essere considerata la «prova generale» per le carneficine della Prima guerra mondiale. Mi ripeto queste considerazioni per relativizzare l'allarme al campus di Costanza, metterlo in una prospettiva storica, sdrammatizzare. E non ci riesco.

Anche sulla questione delle armi, all'estero molti credono di sapere tutto e invece hanno delle idee approssimative, a volte caricaturali. Ciascuno si sente un esperto sull'America. La cosa diventa appariscente in occasione di sparatorie e stragi, e ci si chiede perché negli Stati Uniti resista questa cultura delle armi. I luoghi comuni abbondano. In testa alle banalità storico-filosofiche, c'è chi collega l'attuale diffusione delle armi al Far West, all'epopea dei pionieri, alla necessità di difendersi da soli in un territorio vasto e selvaggio dove lo Stato è troppo lontano. Ah, il Far West! Dai film di John Houston con John Wayne, ai western all'italiana di Sergio Leone, per finire con la loro rievocazione satirico-grottesca e feroce di Quentin Tarantino. Il Far West del cinema è al 90 per cento un'invenzione contemporanea, altrettanto realistica dell'Estremo Oriente di Sandokan nelle storie di Emilio Salgari: un intreccio di miti e leggende su cui proiettiamo sogni e fobie molto attuali, che nulla hanno a che vedere con la storia e molto con la nostra psicologia.

La realtà: l'America di oggi è a stragrande maggioranza una società urbanizzata, segnata dalla modernità, i cui legami col Far West e con la mentalità dei pionieri sono inesistenti. Che la National Rifle Association e la destra oltranzista si divertano a giocare con questi miti per scopi strumentali è un conto. Prenderli per veri è un'ingenuità enorme. Poi vogliamo parlare del Secondo emendamento, quell'aggiunta alla Costituzione che stabilisce il diritto alle armi? Nacque dopo la lotta d'indipendenza dal colonialismo britannico: due secoli e mezzo fa. Visto che gli Stati Uniti non avevano un esercito regolare, bisognava contare su delle milizie partigiane (esercito popolare fatto di volontari) e autorizzarle a tenersi i fucili in casa. Relazione con la realtà di oggi: zero. Peraltro lo stesso emendamento stabilisce che quel diritto va «regolato» per legge, dunque nulla osta a mettere robuste barriere.

La lobby delle armi usa questi remoti precedenti storici per promuovere un'ideologia diversa e molto contemporanea. Bisogna leggersi i proclami dei veri estremisti delle armi. Non dipingono affatto un Far West dove lo Stato è assente e quindi bisogna difendersi da soli contro i criminali. Al contrario. I veri ideologhi della destra ce l'hanno con uno Stato che secondo loro è troppo vicino, incombente, minaccioso. Uno Stato dove i burocrati federali sono pronti a entrare nelle loro case e portar via le armi. Per impedir loro di resistere a difesa delle loro libertà. È lo Stato che attraverso i diritti civili e il Welfare protegge i neri e gli ispanici, aiuta gli immigrati, tutela ogni minoranza. Questa è la vera cultura di destra che si nasconde dietro ai Padri Fondatori e al Far West delle praterie selvagge. Bisogna avere le armi in casa come simbolo di resistenza contro uno Stato che legalizza i matrimoni gay, l'aborto, e promuove corsie preferenziali per le minoranze etniche nelle università. I film di Hollywood possono essere divertenti, quando sono di qualità. Ma per capire l'America, è meglio viverci; e bisogna anche studiarsi un bel po' di libri sulla storia di questa nazione nel XX e XXI secolo, molto dopo la guerra contro re Giorgio o le imprese di Buffalo Bill.

Io di armi non ne possiedo. In molti me lo chiedono: dopo ventidue anni che abito in America, ed essendo anche diventato un cittadino degli Stati Uniti, tanti miei amici danno per scontato che anch'io «faccio come tutti gli americani».

No, non tutti gli americani hanno pistole o fucili in casa, o nel cruscotto dell'automobile. Le statistiche dicono che una maggioranza di noi non possiede armi. Anche questa è una verità importante. Ci sono zone degli Stati Uniti, per esempio la città dove ho vissuto e quella dove vivo, San Francisco e New York, dove le leggi sulle armi sono molto simili a quelle europee. È difficile comprarle, è vietato girare armati, e anche per tenerle in casa bisogna avere dei permessi speciali. Chi abita in queste città di solito approva queste leggi più severe.

Esiste anche una realtà dissonante e scomoda: una

cultura delle armi che non ha niente a che vedere con i suprematisti bianchi, l'estrema destra, Trump. Ci sono afroamericani che vogliono un fucile carico a portata di mano perché sul marciapiede di fronte a casa loro le gang spadroneggiano. È il fenomeno della violenza «black on black» – tra neri, o anche tra ispanici – responsabile di una strage quasi invisibile, perché i media progressisti non vogliono evocarla. Ci sono donne che vogliono il porto d'armi, e frequentano il poligono di tiro per addestrarsi a sparare, perché nel quartiere dove abitano temono le aggressioni. A New York nel 2022 si è insediato un nuovo sindaco, Eric Adams, che per vent'anni lavorò nella polizia. Lo hanno eletto soprattutto gli abitanti dei quartieri meno ricchi della città (Bronx, Brooklyn, Queens, Staten Island) dopo un biennio di recrudescenza della criminalità violenta.

L'elezione dell'ex poliziotto che promette sicurezza ai newyorchesi è stata un ribaltone rispetto ai due anni segnati dalle proteste spesso violente del movimento Black Lives Matter, che aveva imposto lo slogan «*Defund the police*», tagliamo i fondi alla polizia. Quell'attacco alle forze dell'ordine, avallato dal sindaco di allora (Bill de Blasio), era stato giustificato con i gravi abusi di cui si erano macchiati alcuni poliziotti. Ma l'enorme visibilità mediatica concentrata sulle violenze di alcuni agenti ha portato a uno stravolgimento della realtà.

I poliziotti razzisti sono una piaga grave che merita la massima attenzione e severità, ma sono una goccia nell'oceano della violenza reale. Le statistiche sono queste. Nel corso del 2021 in tutta l'America la polizia ha sparato a 1054 individui, la maggioranza dei quali era bianca, armata e aggressiva. Sulle trentatré vittime disarmate colpite dalle pallottole degli agenti, otto erano bianchi e sei neri. Nello stesso anno più di diecimila omicidi sono stati commessi da Black, e la maggior parte delle vittime apparteneva al loro stesso gruppo etnico. Per la schiacciante maggioranza della comunità afroamericana, vedere una polizia costretta a ritirarsi è stata una sciagura.

La cultura delle armi che ha messo radici profonde nelle bande giovanili black e ispaniche, esaltata dai rapper, è stata uno dei primi bersagli di Adams. Il sindaco ha lanciato una campagna per sequestrare armi tra quei giovani; ha proposto leggi ancora più severe.

Ma non basta che le norme siano restrittive a New York: chi vuole un'arma la trova al mercato nero, o la ruba, o va semplicemente a comprarla in uno Stato vicino dove la legislazione è lassista. A New York come a Chicago, Oakland, ogni anno abbiamo una lunga scia di «morti per caso», a volte bambini uccisi da una raffica sparata al vento, troppo vicini a una faida tra gang, o parenti di qualche pregiudicato: anche questi numeri andrebbero aggiunti a quelli che fanno più notizia perché morti nelle sparatorie di massa.

Lo spettacolo deve continuare

1° ottobre 2017, Las Vegas. Questa la ricordo per il bilancio spaventoso, e per altre anomalie che ne hanno fatto una strage «diversa» da tutte le altre. 61 morti, 867 feriti, il bilancio più grave di una sparatoria nella storia degli Stati Uniti. Qui non c'entrano le scuole, ma tanti giovani affluiti per un concerto all'aperto, nella capitale del divertimento americano. Un pensionato sessantaquattrenne, Stephen Paddock, ex agente immobiliare e revisore dei conti, si apposta in una doppia stanza d'albergo dalle cui finestre domina la scena. Monta su alcuni fucili semiautomatici dei caricatori ultraveloci o «bump-stock», che aumentano la rapidità di fuoco. Poi, per undici minuti atroci, dalla sua camera al Mandalay Bay Resort prende di mira gli spettatori in un macabro tiro al bersaglio. L'obiettivo è perseguito con una precisione scientifica: fare il massimo di morti. Infine si suicida.

Resta intatto, quasi cinque anni dopo, un fitto mistero sulla figura del killer. L'Fbi ha chiuso l'indagine in dieci mesi, dichiarandosi sconfitta: non ha trovato lo straccio di un movente nella vita di Paddock. Se non il fatto di essere figlio di un rapinatore: ma esiste il Dna del criminale? E comunque suo padre non si era macchiato di stragi. Diecimila dollari al mese il benestante Paddock li spendeva al videopoker, tanto da essere nella categoria dei clienti vip coccolati e accuditi dagli hotel-resort-casinò: le due camere del Mandalay Bay da dove ha fatto una strage gli erano offerte gratis dalla direzione come un premio per la sua assiduità. Centomila dollari li aveva mandati con un bonifico bancario nelle Filippine, alla famiglia della sua compagna. Non sembra avesse problemi economici, Paddock. Inoltre è il primo terrorista premoderno dell'era contemporanea.

Non usava social media, non ha disseminato online indizi o proclami, moventi o testamenti ideologici, minacce o delirio di vendetta. Il riflesso pavloviano degli inquirenti, dei giornalisti, è di frugare nella sfera social: ma lui viveva «offline», al di qua della Rete, in un suo universo predigitale. L'Fbi brancola nel buio anche per quanto riguarda la sua professionalità di tipo militare. Non risulta che avesse fatto esperienze di combattimento, né che avesse ricevuto addestramento dall'esercito. Eppure ha lavorato come un tecnico del terrorismo, con una meticolosità micidiale. Nelle due camere all'hotel Mandalay Bay ha trasportato ben ventitré armi di precisione, e ha installato videocamere per avvistare in anticipo l'arrivo della polizia. Altre diciannove armi erano rimaste nella sua villetta di Mesquite, nel Nevada, a un'ora di strada da Las Vegas. Aveva anche un arsenale di esplosivi, rimasto inutilizzato. Era allibito uno di quelli che le armi gliele hanno vendute. Si tratta di Chris Michel, proprietario dell'armeria Dixie Gun Worx dove Paddock si riforniva. «Era un tipo normalissimo,» dice Michel «non ho mai intravisto in lui qualche segnale inquietante. Era il classico vicino di casa che inviti volentieri la domenica a messa e poi al barbecue nel tuo giardino.» L'arsenale in effetti era stato acquistato senza violare la legge, che nel Nevada è tra le più permissive. Niente religione, niente politica nella vita di Stephen.

Il 2 ottobre 2017 arrivo a soli cento metri dal luogo della strage, e faccio fatica ad avanzare. Non per uno sbarramento di polizia. Il perimetro vietato e sigillato per le indagini sta solo attorno al Mandalay Bay Resort, con le due finestre squarciate da dove Stephen Paddock ha preso la mira per il suo massacro.

No, la polizia non m'impedisce di muovermi. A un isolato di distanza è la folla dei turisti quella che devo fendere per farmi strada, per riuscire a entrare nell'hotel-casinò-shopping mall della Mgm. Affollatissimo come se nulla fosse accaduto, con le slot-machine prese d'assalto dai pensionati come Paddock, fiumi di visitatori venuti da tutta l'America e dal mondo.

Altro che lutto cittadino, non un solo spettacolo è stato sospeso, neppure nella prima sera dopo la strage. Sul megacomplesso della Mgm campeggia la pubblicità luminosa di David Copperfield, l'illusionista che ha qui un suo show permanente da molti anni. Il titolo della performance è *Alter Your Reality*: alterate la vostra realtà. È una sintesi perfetta del modello-Vegas, una metafora di quest'America: di fronte alla più orrenda sparatoria della sua storia preferisce non aprire gli occhi, vive in una realtà parallela. Proprio come la finta Venezia, la finta Parigi, la finta piramide di Luxor, tutte le attrazioni di Las Vegas che propongono repliche all'infinito, una realtà virtuale, un American dream che promette svago, divertimento, eccitazione e forse perfino ricchezza a gogò, se la slot-machine imbocca la terna vincente. Niente panico da strage, quello è durato poco, appena ventiquattr'ore dopo la città è quella di sempre. All'aeroporto ti accoglie sì un pannello luminoso che invita a donare sangue per i feriti negli ospedali, ma l'aeroporto stesso è già un casinò. Se sei afflitto da dipendenza, puoi giocare subito; nel salone degli arrivi le slot-machine sfavillano di luci multicolori. Arrivano a ondate turisti, i torpedoni li riversano in una città che non dorme mai. Non solo gioco d'azzardo, ma anche convention professionali e turismo familiare: hai la scelta tra un concerto di Britney Spears e il Cirque du Soleil, un congresso di odontoiatri e la gita in elicottero al Grand Canyon, le piscine Jacuzzi riscaldate degli hotel e i ristoranti stellati dove gli chef europei vengono a fare milioni. «*The show must go on*», che lo spettacolo continui.

Il network televisivo Fox News di Rupert Murdoch, la rete preferita dai repubblicani, in quelle ore dedica enorme spazio alla maxistrage di Las Vegas, ma esclusivamente per esaltare storie di eroismo dei poliziotti, di solidarietà tra le vittime, di abnegazione, gesti commoventi. È la ricerca costante di un *happy ending*, la favola di un'America meravigliosa dove ogni tanto un folle criminale ci aiuta a sentirci ancora più buoni e amorevoli fra noi. Le armi diventano un finto problema, perfino un pretesto ignobile: la sinistra è accusata di politicizzare il dolore. La tribù di destra si ricompatta non appena sente minacciato il sacro diritto all'autodifesa.

Liberi di armarsi fino ai denti, liberi di sperperare la pensione alle slot-machine, i turisti dell'oblio.

La penultima strage più recente, in questo mio elenco personale e troppo parziale che va aggiornato continuamente, porta il marchio del razzismo di estrema destra. La data è il 14 maggio 2022, il luogo è Buffalo, una metropoli industriale nel profondo Nord dello Stato di New York, l'ultima tappa prima di attraversare la frontiera con il Canada per chi visita le cascate del Niagara.

L'assassino è Payton Gendron, un diciottenne affetto da malattie mentali, più volte segnalato dalle autorità scolastiche: nel 2021, dopo un episodio in cui aveva minacciato atti violenti a scuola, era stato ricoverato in un reparto psichiatrico ospedaliero. Gendron ha disseminato sui social media un diario online in cui per mesi ha professato l'ideologia del suprematismo bianco e ha abbracciato la «teoria della sostituzione»: l'idea che esista un complotto di capitalisti di sinistra, ebrei e media per sostituire i bianchi con le minoranze etniche.

Malgrado la traccia del ricovero per malattie psichiche e l'adesione a ideologie violente, Gendron riesce a comprarsi un fucile semiautomatico AR-15, lo modifica perché possa sparare a ripetizione raffiche di trenta colpi, sceglie un sabato perché è il giorno di massimo affollamento, e va a compiere il suo crudele tiro al bersaglio in un supermercato alimentare, Tops Friendly Markets. Il bilancio della sua sparatoria: dieci morti e tre feriti, a stragrande maggioranza afroamericani perché era sua intenzione dichiarata colpire proprio loro.

La tragedia di Buffalo scatena reazioni tanto forti quanto prevedibili, e prevedibilmente inutili. Biden si reca nella città dell'ecatombe dove dichiara che il suprematismo bianco «è un veleno della nazione, è terrorismo domestico». La destra repubblicana sottolinea che lo Stato di New York è governato dai democratici, ha leggi tra le più severe sulla vendita di armi, eppure non ha saputo fare quei controlli elementari che avrebbero dovuto precludere la vendita a un malato di mente schedato come tale in un ospedale della sua città.

Per una crudele ironia la sparatoria di Buffalo coincide con la pubblicazione delle statistiche più aggiornate sulle vendite di armi negli Stati Uniti: c'è stata un'escalation dai 3,9 milioni di «pezzi» venduti nel 2000 agli 11,3 milioni nel 2020. L'impennata accelera negli ultimissimi anni, in coincidenza con una ritirata delle forze dell'ordine in molte città americane.

Attualmente ci sono 400 milioni di armi da fuoco sul territorio degli Stati Uniti, cioè più di una per abitante (bambini inclusi). Ma molti di noi sono disarmati, mentre una cospicua minoranza ha degli arsenali in casa. È così che si fanno le medie.

Mentre rileggo le bozze di questo libro, la scia di sangue si allunga ancora, l'elenco mostruoso si arricchisce di un altro eccidio agghiacciante. Quasi dieci anni dopo, sembra di tornare dove sono partito: cioè alla strage di Sandy Hook. Perché il 24 maggio 2022 è di nuovo in una scuola elementare che si abbatte il terrore. A Uvalde nel Texas, il diciottenne Salvador Romas uccide diciannove bambini e due maestre. Poco prima di precipitarsi verso l'esecuzione di massa, l'assassino aveva sparato a sua nonna.

5
Essere giovani

Che cosa significa essere giovani in America oggi? Quello degli Stati Uniti è diverso dal mondo giovanile in Europa o in Asia? E quanto è cambiato per le ultime generazioni?

La premessa è questa: ai miei tempi, per le mie generazioni (mentre scrivo ho sessantasei anni), e anche per quelle che mi hanno preceduto, l'America è stata non solo la «nazione giovane» per eccellenza ma anche la «terra dei giovani».

Giovane come nazione perché la sua storia è recente rispetto a quella della vecchia Europa, almeno se la facciamo partire da quando c'è una popolazione bianca. Giovane come età media degli abitanti, perché le mamme americane fanno più figli di quelle europee, inoltre l'immigrazione ringiovanisce la popolazione. Terra di opportunità per i giovani: un esempio è quanto sia diffusa la figura di un ragazzo che crea una sua invenzione e su quella costruisce un'azienda. Erano ventenni Steve Jobs quando creò Apple, Bill Gates quandò fondò Microsoft e Mark Zuckerberg quando lanciò Facebook. E questi sono solo i più famosi, ma dietro di loro c'è un esercito. Molti altri imprenditori di successo, soprattutto nelle tecnologie digitali, nelle app, sono giovanissimi. In altre parti del mondo per essere presi sul serio, soprattutto quando si tratta di soldi e di affari, bisogna essere adulti e forse perfino avere i capelli bianchi. In America è quasi vero il contrario. Nella Silicon Valley, quella parte della California tra San Francisco e San José dove si concentrano molte imprese legate a internet, i giovani hanno il potere.

Se c'è un pregiudizio sull'età in America, è a rovescio; è a favore dei giovani, non contro di loro. Questo cominciò tanti anni fa, perfino nella politica: nel 1960 divenne presidente John Kennedy che era quarantenne e a quei tempi risultava giovanissimo rispetto ai governanti europei, che erano anziani come i suoi genitori. Sempre negli anni Sessanta fu l'America a lanciare il fenomeno dell'adolescenza come «mercato» per un nuovo consumismo di massa: musica, vestiti, viaggi, libri vennero sistematicamente prodotti per soddisfare i più giovani. Perfino certi modelli di automobili erano progettati per loro, anche perché in America la patente di guida si può prendere già a sedici anni. L'automobile come strumento di un'indipendenza precoce.

All'origine della condizione «privilegiata» dei giovani in America c'è un'altra tradizione di autonomia precoce, più importante dell'automobile. Da molte generazioni si è affermata questa abitudine: dopo aver passato l'esame di maturità, chi può permettersi gli studi universitari sceglie di farli lontano dalla famiglia. Se si eccettua l'Inghilterra, nei Paesi europei le università erano quasi sempre dentro i confini cittadini e gli studenti che le frequentavano abitavano spesso nella stessa città, magari continuavano a vivere a casa dei genitori. L'America per prima fece un esperimento di massa: tantissimi studenti partivano ad abitare a molte ore di auto, di treno o perfino di aereo, magari si spostavano da una costa all'altra degli Stati Uniti. E lo facevano già da diciottenni. Abitavano con altri giovani, rivedevano i propri genitori poche volte all'anno. Solo in un'epoca abbastanza recente anche gli europei hanno seguito quel modello.

All'autonomia corrisponde una maggiore responsabilità. La gioventù italiana, o almeno una parte, è «viziata» e coccolata dai genitori, quella americana viene educata in modo diverso. Vi cito un mio ricordo personale, un aneddoto delle mie vacanze estive in Italia.

La scena si svolge a Camogli, un borgo marinaro della riviera ligure dove passo le mie estati. Nel luglio 2018, durante le mie vacanze estive, li ho visti lì, quei ragazzi sfaccendati. A settembre, quando sono tornato brevemente a Camogli per pochi giorni, li ho ritrovati sempre lì. Adolescenti che ogni giorno delle mie vacanze ho visto bivaccare seduti sugli scalini di qualche piazzetta. In bocca una sigaretta, in mano una bottiglia di birra (violando la legge, vista l'età). Quando si spostavano a bivaccare altrove, la bottiglia rimaneva lì abbandonata sul marciapiede, perché la raccogliessero altri. La noia, appena mascherata da qualche schiamazzo con gruppi di coetanei o da qualche radio accesa a tutto volume, mi pareva la costante di questa loro lunga estate. I genitori? Forse felici di non averli intorno. La scuola? Ovviamente era chiusa per le vacanze. «Ovviamente»? Mica tanto.

In America le vacanze estive sono più corte. E comunque, genitori e prof inculcano ai ragazzi che non è ammissibile oziare per due mesi. Almeno la metà delle tue vacanze – è un'antica tradizione americana – devi passarla a lavorare. Trovati un lavoretto estivo remunerato. Oppure fai volontariato al servizio degli altri. Renditi utile. Oltretutto, l'attività estiva ti verrà riconosciuta nel curriculum, ti farà guadagnare punti per gli esami di ammissione nelle università più selettive. Datti una mossa, ragazzo: è il messaggio che generazioni di adulti americani hanno comunicato ai loro adolescenti.

In altri campi le differenze di costumi e di stili di vita si sono ridotte. Il resto del mondo si «americanizza» sempre più velocemente. Tecnologie, vestiti, musiche, perfino il cibo: ogni volta che negli Stati Uniti i giovani si convertono a una nuova moda, i loro coetanei italiani o tedeschi, brasiliani o cinesi spesso li imitano a gran velocità. Uno degli strumenti di questo «contagio» sono le serie televisive made in Usa, perché portano in tutto il resto del mondo uno stile di vita.

Rimangono però differenze profonde. Ci sono delle ragioni per cui essere giovani in America è più difficile che altrove.

La scuola negli Stati Uniti è organizzata in modo diverso rispetto alla maggioranza dei Paesi europei. La scuola pubblica nelle grandi città spesso si è degradata, e una delle spiegazioni è legata all'immigrazione: con l'aumento di allievi appena arrivati dall'estero, che parlano male l'inglese e hanno ritardi scolastici generalizzati, gli insegnanti hanno difficoltà a seguire i programmi. Le eccezioni sono le scuole pubbliche situate in zone residenziali benestanti, spesso nei quartieri della periferia «di lusso». Perciò ci sono genitori che traslocano apposta, scelgono una casa in quei quartieri, vanno ad abitare là per poter mettere i figli nelle scuole migliori.

L'alternativa è la scuola privata di élite. Costa carissima: un anno di liceo in uno di questi istituti selettivi a New York o a Washington, a San Francisco o a Los Angeles, può costare più di 50.000 euro. Quasi quanto una super università americana. Sono scuole con una qualità dell'insegnamento avanzata, dalla matematica alle scienze, alle lingue, e mettono a disposizione degli studenti le tecnologie all'avanguardia. Però sono scuole per ricchi, anzi straricchi. Questo contribuisce a scavare delle diseguaglianze enormi tra i giovani americani fin dall'infanzia.

Lo stesso problema c'è all'università. Nelle migliori facoltà si arrivano a pagare rette di 70.000 euro all'anno. Per gli studenti pieni di talento e di grinta, ci sono borse di studio che rendono l'istruzione gratuita o quasi. Però c'è una vasta popolazione di studenti che pur essendo bravi non sono così straordinari da avere accesso alle borse di studio. Molti di loro, per poter conquistare un buon titolo di studio, si fanno prestare i soldi dalle banche. Poi ci mettono quasi una vita a rimborsare quei debiti. Oggi essere un giovane laureato in America spesso significa essere indebitato fino al collo. Anche questo peggiora le diseguaglianze, perché i figli dei ricchi la banca ce l'hanno in casa. Questi sono tutti problemi che il resto del mondo sta cominciando a conoscere, ma in misura minore. Cina, Russia e alcune nazioni emergenti hanno diseguaglianze ancora più estreme. Ma all'interno delle liberaldemocrazie occidentali forse nessun'altra società è diventata così profondamente diseguale come quella americana, anche perché negli Stati Uniti si concentrano gli estremi delle ricchezze maggiori, che coesistono con una povertà molto visibile.

Spendere tanti soldi per studiare non è una garanzia assoluta riguardo alla qualità dell'istruzione. Si sentono rivolgere molte critiche al sistema scolastico americano. Una è la mania dei test «standardizzati», quiz con risposte multiple, fatti apposta per essere «letti» dai computer e classificati in base a uno schema molto rigido. Un altro limite è il progressivo abbandono di materie umanistiche soppiantate da matematica e scienze. Una ragazza o un ragazzo venuti dall'Italia, che passano un periodo in una scuola americana, spesso trovano i loro coetanei un po' provinciali, poco informati sul resto del mondo, e con delle lacune nelle materie letterarie, oltre che in storia e geografia.

Altre differenze tra i giovani italiani e americani sono identiche a quelle che si osservano nel mondo degli adulti. Nel rispetto delle regole, in generale gli americani sono molto diversi da noi. Ricordo un episodio che mi colpì, riguardo a mio figlio Jacopo. Finì nel mio diario di vita *San Francisco-Milano* quasi vent'anni fa. Quando ci trasferimmo a vivere a San Francisco lui aveva quattordici anni. Venivamo da Milano dove lui aveva giocato in una squadra giovanile di calcio. Il livello medio in Italia è elevato, ma anche in America il calcio (che loro chiamano *soccer* per distinguerlo dal loro football che è tutt'altro sport) sta facendo molti progressi, soprattutto a livello giovanile e non professionista. Inoltre è molto popolare tra i messicani e gli altri latinoamericani che aumentano con l'immigrazione. L'episodio che ricordo bene non ha a che vedere con la qualità del calcio giocato. Ecco di che si tratta. Succede la prima volta che Jacopo scende in campo a San Francisco, appena arrivato da Milano. Alla prima partita giocata nella squadra della sua scuola, e al primo fallo avversario che l'arbitro non vede, Jacopo accenna una discussione. I suoi compagni, lungi dall'unirsi alla protesta, osservano con stupore il nuovo giocatore italiano che osa contestare l'arbitro. E in quel momento lui si sente sperduto, solo in campo contro gli undici avversari. Dov'è – si chiede mio figlio – la «sana» solidarietà della squadra italiana contro il direttore di gara? Quando la palla esce dal campo dopo un contrasto, nell'incertezza Jacopo alza la mano per rivendicare la rimessa laterale, che il guardalinee ha assegnato agli altri. L'arbitro lo guarda seccato e ribatte: consultiamo il giocatore che ha sfiorato la palla in fallo laterale, vedrai che hai torto. Il compagno di squadra non esita ad ammettere: è vero, l'ho toccata io, la rimessa spetta agli altri. «Alto tradimento»? Al primo rigore negato Jacopo si scalda. A quel punto viene richiamato dalla sua panchina. L'allenatore con tono paterno gli spiega: lo so che da voi in Europa si fa così, ma qui questi atteggiamenti non si usano, devi correggerti, non discutere una decisione arbitrale.

Dopo quella prima indimenticabile (per me) partita di *soccer* a San Francisco ne ho viste tante altre. Sempre la stessa musica. Ho assistito a errori arbitrali palesi per i quali a Milano scoppierebbero liti fra giocatori, allenatori, genitori dei ragazzi. A San Francisco bisogna avere uno zoom e ingrandire il volto dei ragazzi, per scorgervi di tanto in tanto qualche traccia di silenziosa delusione. Ma il verdetto si accetta. Sconcertante anche il rispetto tra le squadre in campo. Dopo aver fatto un fallo ci si scusa davvero, si aiuta l'avversario a rialzarsi, quello sorride e dice non mi sono fatto niente. Jacopo in quel suo primo contatto con le abitudini americane era un po' nauseato, sosteneva che a furia di cortesie si perde il senso dell'agonismo, quel tanto di spirito guerriero e di rabbia che contribuiscono al fascino dello sport. Però è anche sui campi da gioco della loro adolescenza che gli americani si allenano a rispettare le regole, e l'autorità di chi incarna la legge. Per le sconfitte imparano a prendersela con se stessi anziché piangere e denunciare complotti.

Poi non bisogna mai generalizzare, in questo come in altri campi. Il rispetto delle regole in America è superiore all'Italia, ma ci sono varianti ed eccezioni. New York è la città più caotica e indisciplinata: i ciclisti girano sui marciapiedi anche se è proibito. Passano col rosso, imboccano strade in senso vietato, contromano. In altre città un pedone può beccarsi una multa salata se osa traversare la strada fuori dalle strisce, a New York così fan tutti.

Un tipo di regole che sono particolarmente stringenti in America riguarda il rapporto tra i sessi. Negli ultimi anni c'è stata una presa di coscienza che l'eguaglianza dei diritti non basta, bisogna anche combattere il sessismo nei rapporti personali. È partito dall'America il movimento del MeToo: un modo per incoraggiare le donne e le ragazze a rivelare se anche loro sono state oggetto di molestie sessuali, abusi, o vere e proprie violenze. Si è scoperto che il fenomeno è molto più grave e diffuso di quanto si creda, anche tra i giovanissimi. Il bullismo ha una variante sessuale: è più facile, se è una ragazza a essere presa di mira, che le provocazioni, le insolenze, le intimidazioni acquistino subito uno spiccato carattere sessuale. Magari usando i social come delle armi per ferire. Lo stesso può accadere contro ragazzi gay o transgender. È in corso in America una specie di rivoluzione culturale, in cui si cerca di inculcare fin dalla più giovane età il rispetto per l'altro sesso o per le minoranze sessuali, un'immagine diversa della ragazza. Perciò anche in un'aula scolastica quello che in Italia verrebbe classificato come un «complimento» a una compagna è considerato una molestia in America e può scatenare conseguenze disciplinari serie. Così come certe sbandate razziste nel linguaggio quando si parla di neri o di immigrati non verrebbero tollerate, lo stesso vale quando si parla di sesso.

In questo cambiamento, che è profondo e positivo, ci sono anche le controtendenze e gli eccessi. Alcuni celebri rapper afroamericani continuano a usare dei testi che insultano pesantemente le ragazze, con un'esibizione sfrenata di maschilismo, perfino l'esaltazione della violenza.

All'estremo opposto, il femminismo americano a volte si tinge di puritanesimo, che fa parte della tradizione religiosa di questa nazione. I puritani erano una delle sette religiose perseguitate in Europa, che fuggirono dall'altra parte dell'Atlantico. Erano sessuofobi, cioè consideravano il sesso come il peccato, la donna come la tentazione del demonio. Di quella cultura oscurantista rimane qualche traccia nell'America di oggi. Mia moglie, che è insegnante, appena cominciò a lavorare in California fu colpita da una differenza del suo ambiente di lavoro nuovo rispetto all'Italia. Insegnava in un liceo internazionale di San Francisco, un ambiente di lavoro americano e misto, perché in quella scuola lavoravano fianco a fianco prof americani, francesi, qualche tedesco e spagnolo. E fu subito «scontro di civiltà», proprio sul tema dei rapporti tra i sessi. Mi raccontava la frustrazione delle colleghe francesi, riassunta in una battuta: «Investi una parte del tuo stipendio in cosmetici, beauty farm, vestiti e accessori. Poi non trovi un solo collega che ti faccia un complimento».

Già nel 2000 i rapporti tra i sessi sul luogo di lavoro erano codificati in modo ben diverso in America, rispetto all'Europa. In California, se non proprio vietato era fortemente sconsigliato fare un apprezzamento estetico a una collega. Il confine tra un'amabile cortesia, un gesto di riguardo, e un'avance, preludio a un tentativo di flirt, o addirittura molestia sessuale, si era spostato in modo draconiano. Notare la nuova coiffure della collega, lo smalto sulle sue unghie o il suo tailleur poteva essere male interpretato. Come minimo, si prestava all'accusa «Noi donne veniamo osservate e valutate sempre e soltanto sull'aspetto fisico». Nella peggiore delle ipotesi il collega maschio era «uno che ci prova». Dunque: il silenzio è d'oro, e di fronte a una minigonna conviene voltarsi dall'altra parte.

Un ultimo problema riguarda l'essere giovani in America: hanno voglia di impegnarsi per migliorare il loro Paese? A volte si direbbe di sì. Li abbiamo visti nelle tante mobilitazioni di Black Lives Matter, per denunciare gli abusi della polizia contro gli afroamericani. Li abbiamo rivisti ancora dopo le troppe sparatorie e stragi nei licei, scesi in piazza per chiedere nuove regole sulle armi. E infine nelle sfilate oceaniche dell'Earth Day, il giorno della Terra, quando tante città americane sono apparse ultraverdi, compatte nel voler combattere il cambiamento climatico. I giovani sono stati in prima linea nelle piazze. Eppure l'esperienza induce a non contare troppo sul loro peso politico. Gli stessi giovani che scendono in piazza, motivati da qualche causa che li appassiona sul momento, «dimenticano» di esistere quando si tratta di mettere una scheda nell'urna. Apatici, scoraggiati, diffidenti?

Negli ultimi trent'anni il massimo assoluto della partecipazione giovanile risale al 1994: raggiunse il 21 per cento. Non proprio esaltante. In qualsiasi altra democrazia occidentale si parlerebbe di un disastro, di una disaffezione in massa, di un'epidemia di antipolitica. Negli Stati Uniti non fa quasi più notizia, talmente è normale.

È un curioso paradosso: questa è la nazione dove i giovani hanno tanti diritti, hanno scoperto l'autonomia per primi, e nell'economia hanno un potere reale, ma lasciano ad altri la scelta di chi li governerà.

Se in politica la partecipazione dei giovani americani procede per fiammate effimere, in altri campi invece la loro influenza è notevole. E il giovanilismo americano si è trasformato in una forza negativa.

I cambiamenti sociali e di costume che mi affascinarono al mio arrivo in California nel 2000 da allora hanno imboccato una direzione inquietante. I giovani hanno un peso dominante nei colossi del capitalismo digitale, nei social media, nelle redazioni di tv e giornali, a Hollywood. Le rivoluzioni che vidi nascere con entusiasmo – MeToo, i matrimoni gay, le proteste di massa contro il razzismo della polizia – si sono trasformate nel pensiero dominante. Ciò che all'origine poteva sembrare anticonformismo oggi al contrario è una dottrina obbligatoria, oppressiva. Nei campus universitari, dove i giovani vengono indottrinati da professori «politicamente corretti» e da gruppi di attivisti radicali, regna l'intolleranza: chi non la pensa così deve tacere, la cancellazione di conferenze sgradite è diventata una pratica corrente. L'università americana, che era un tempio della libertà di pensiero, in molti casi è diventata l'esatto contrario. Ambientalismo apocalittico, ossessione per i diritti dei transgender e la fluidità del genere sessuale, supremazia delle minoranze etniche e colpevolizzazione dei bianchi come unici portatori di razzismo: questi sono i nuovi Vangeli per molti giovani americani. A questa deriva ho dedicato un libro recente, intitolato *Suicidio occidentale*. Dopo la sua uscita, ahimè, le mie tesi hanno ricevuto tante altre conferme.

Un amico italiano, dopo averlo letto, mi ha confessato questo episodio personale. Sua figlia, ormai vicina all'esame di maturità a Milano, vuole proseguire i suoi studi negli Stati Uniti e sta facendo con altre amiche delle *applications*, come si chiamano le domande di ammissione alle università americane. Le amiche le hanno insegnato un trucco: quando si tratta di riempire il formulario sul profilo individuale, alla casella del sesso conviene segnare «non binario»: così cresce il punteggio per l'ammissione. Il nuovo conformismo che premia le minoranze genera anche queste forme di disonestà: non importa cosa sei o cosa pensi veramente, devi seguire l'andazzo.

Altri episodi recenti li osservo nella redazione del

«New York Times», un luogo tipico di «presa del potere» da parte di una generazione giovane; di giornalisti che si credono rivoluzionari, ma incarnano una rivoluzione totalitaria, fanatica, che non tollera il dissenso. Hanno cacciato giornalisti moderati, accusandoli di non essere abbastanza militanti. I risultati si vedono tutti i giorni nella manipolazione delle notizie. Quando c'è stata una sparatoria nel metrò a Brooklyn, il 12 aprile 2022, l'autore della tentata strage (che per miracolo ha fatto «solo» ventinove feriti) è riuscito a fuggire. La capa della polizia di New York, l'afroamericana Keechant Sewell, ha diffuso l'identikit specificando che si trattava di un Black, il sessantaduenne Frank Robert James. La redazione del «New York Times» ha censurato la dirigente (nera) delle forze dell'ordine e ha cancellato ogni descrizione fisica del ricercato. Così i giornalisti del più importante quotidiano cittadino hanno reso più difficile la collaborazione dei loro lettori nella cattura di un criminale violento, pur di non identificarlo come Black.

La stessa censura è scattata ripetutamente quando degli afroamericani si sono resi colpevoli di *hate crimes*, reati di odio razzista, contro cittadini di origine asiatica. C'è una lunga tradizione di razzismo nero contro i cinesi, con atti violenti fino all'omicidio. L'antecedente più famoso accadde nel 1992 a Los Angeles: nel corso di scontri terribili i negozi degli asiatici venivano presi d'assalto e saccheggiati da bande afroamericane. Lo sa bene la popolazione della Chinatown di Manhattan, che cerca di bloccare la costruzione di asili per senzatetto, perché ha paura di trovarsi gli aggressori davanti alla porta di casa. Su tutto questo – le violenze Black contro gli asiatici, la rivolta di Chinatown per proteggersi – il «New York Times» esercita una censura costante: nelle cronache locali di questi eventi scompaiono i connotati etnici. È il risultato della presa di potere da parte di una giovane generazione di giornaliste e giornalisti, indottrinati dalle università, abbarbicati al dogma per cui «solo il bianco è razzista».

La stessa censura è scattata in quasi tutte le tv e i giornali di fronte al più celebre schiaffone del 2022: nella serata dei premi Oscar, quando l'attore afroamericano Will Smith è balzato sul palcoscenico e ha aggredito un altro nero, Chris Rock, colpevole di aver pronunciato una battuta offensiva sulla moglie. Se fosse stato un bianco a colpire un Black, i commenti sul razzismo avrebbero occupato i talk show per settimane, con richieste di punizioni esemplari. Trattandosi di due Black, forse era opportuna una riflessione sulla cultura del machismo aggressivo che è tipica di quelle celebrity multimilionarie.

I giovani che hanno preso il potere nei social, nella redazione della Cnn e del «New York Times», non riescono più a esercitare uno spirito critico, a prendere le distanze dalle proprie certezze, a mettere in discussione i dogmi assorbiti nelle super facoltà di élite. È una nuova generazione al comando, che ha abbracciato una fede per nascondere enormi insicurezze.

Ho un amico docente universitario che cumula due insegnamenti paralleli in Political Science, uno alla Columbia University e l'altro al City College di New York. Quando ha letto il mio *Suicidio occidentale* mi ha consigliato di non presentarlo alla Columbia, mentre mi ha invitato a tenere una lezione-dibattito al City College. Qual è la differenza? «La Columbia» mi ha detto «è un ateneo elitario, costoso, dove malgrado le borse di studio la maggioranza dei giovani vengono ancora da ceti privilegiati. Sono i più estremisti. Non accetterebbero le tue critiche, non vorrebbero neppure ascoltarle. Al City College, università popolare a basso costo, prevalgono i figli d'immigrati: a maggioranza ispanici. Sono i meno ideologici. Sono allergici alle mode estremiste: per esempio non ne vogliono sapere di autodesignarsi come latinx (un modo per indicare i latinos rifiutando di specificare il genere sessuale). Lì troverai un pubblico diverso, che ha una gran voglia di ascoltare la critica del politicamente corretto.»

Il bullismo ai tempi dei social

In che paesaggio psicologico sono cresciuti questi giovani così convinti di incarnare il progresso, e che in realtà sono dei piccoli talebani? Uno squarcio mi si apre parlando con altri amici newyorchesi, che hanno figli nella prima adolescenza. In una cena a casa mia si sfogano, vuotano il sacco sull'angoscia che li tiene svegli di notte: il bullismo sui social. Mi colpisce il racconto del padre di una tredicenne che a Manhattan frequenta una scuola molto esclusiva, privata e cattolica, per sole ragazze. Descrive un ambiente fatto di bande crudeli: sua figlia viene isolata dal branco femminile dove domina una «ape regina» che decide le regole dell'esclusione. Tutte figlie di ricchi, guai se non hai i vestiti della marca giusta, gli accessori giusti, la casa al mare nell'angolo giusto degli Hamptons. Il metodo con cui viene cacciata e umiliata la ragazzina è semplice, basta organizzare una serie di pigiama party ben pubblicizzati sui social a cui lei non viene invitata; oppure scegliere per Halloween un tema del travestimento senza comunicarglielo, per cui lei sarà l'unica fuori dal coro. Si prosegue con le insinuazioni via social, i commenti sul fisico, i gossip sui primi flirt. La ragazzina ha la «sfortuna» di simpatizzare con un maschio che è di qualche centimetro più basso: l'ape regina ne fa un tema di dileggio, i commenti sono feroci. Tutto questo è stato perfino peggiorato durante la pandemia, che già impoveriva le relazioni sociali. La banalità del bullismo vi lascerà indifferenti, se avete anche voi figli adolescenti. Tutto il mondo è paese. Né m'illudo che non esistesse quando eravamo adolescenti noi: qualche episodio lo ricordo perfino a cinquant'anni di distanza dalla mia adolescenza.

Colpisce però qualche specificità dell'America contemporanea. Oggi siamo nell'era dei genitori-spazzaneve, iperprotettivi, che si adoperano per risparmiare le sofferenze ai figli, ma si scoprono del tutto impotenti di fronte alla violenza fra pari, fra coetanee e coetanei, amplificata e potenziata dai meccanismi dei social, che sono perfetti per orchestrare gli attacchi di branco.

Inoltre tutto questo accade nelle stesse scuole politicamente corrette che predicano il dogma per cui le minoranze hanno sempre ragione, le ingiustizie subite dagli oppressi vanno riscattate attraverso riti quotidiani di espiazione. Tutti hanno diritto a qualche risarcimento: se hanno un antenato di colore o se scelgono un'identità sessuale «fluida». In mezzo a quest'apparenza di giustizia universale, il veleno dell'aggressività è onnipresente, il bullismo si fa beffe dei regolamenti scolastici, i deboli soffrono più che mai. L'addestramento al bullismo tornerà utile all'università per praticare la cancel culture, i processi da Santa Inquisizione medievale, il marchio d'infamia che condanna chi non la pensa nel modo giusto sulle toilette senza indicazione di sesso e sulle email rivolte al neutro plurale per eliminare la gabbia oppressiva del genere.

Iperprotetta, o lasciata allo sbaraglio nella giungla dei social, non c'è via di mezzo per l'ultima generazione americana?

6
Questioni di soldi

«Fate sparire tutte le foto di famiglia.» L'ingiunzione dell'agente immobiliare è calata come una mazzata su mia moglie. Stefania ha il culto delle foto ricordo incorniciate. Non esiste un solo centimetro quadrato di superficie utilizzabile in casa nostra dove non poggi qualche cornice. Sui mobili, sugli scaffali delle librerie, ogni periodo della storia familiare è ricostruito nella collezione d'immagini: dalle nostre vacanze giramondo quando eravamo ventenni fidanzati, fino alla celebrazione del matrimonio (1983), poi i figli da piccoli, da adolescenti. Via via la galleria storica prosegue fino a qualche evento lieto o memorabile di poche settimane fa, il numero delle immagini personali continua a crescere. Togliere di mezzo tutta quella roba è l'equivalente di un piccolo trasloco. Ma gli agenti immobiliari americani hanno la loro cultura, dei principi inderogabili, leggi del mestiere che applicano con rigore implacabile.

«Un visitatore» spiega Irene, l'attempata agente che ha quarant'anni di carriera alle spalle e abita nel nostro stesso palazzo «vuole potersi immaginare casa tua come fosse già diventata sua. I segni troppo personali lo turbano, lo fanno sentire a disagio, gli rendono più difficile raffigurare se stesso e i propri cari nel vostro appartamento.» Vero? Falso? Non so quale rigore scientifico ci sia dietro queste affermazioni, ignoro se Irene abbia consultato studi sulla psicologia dell'acquirente. Però le abbiamo affidato la vendita del nostro appartamento newyorchese, l'esito è nelle sue mani, e ci tocca obbedire. Per la stessa ragione siamo obbligati ad abbandonare l'appartamento durante le visite. A quanto pare anche questa è una regola d'oro della psicologia locale, il forse-futuro-proprietario non vuole visitare una casa «abitata» da esseri umani. Obbediamo disciplinatamente e durante le visite ci inventiamo qualcosa da fare all'esterno, anche se c'è una bufera di neve (un evento possibile a New York da dicembre ad aprile inoltrato). Non abbiamo scelta.

Ci lasciamo guidare, tanto più che Irene ci ha già fatto una concessione notevole: ha rinunciato allo *staging*. Sì, perché un'altra regola aurea per vendere un appartamento in America (la sperimentammo già vent'anni fa in California) è questa: l'immobile non si mette sul mercato così com'è. Bisogna travestirlo. Va arredato ad hoc, con mobilio e oggetti scelti appositamente perché – si presume – lo rendano più attraente agli occhi del visitatore e potenziale acquirente. Non è una semplice pulizia o riassetto, no. È nata una professione, decoratrici e decoratori specializzati, che ti «truccano» una casa in base a regole che in quel settore appaiono sacre: il tipo di colori, di illuminazione, i quadri affittati, le piante d'appartamento prese a noleggio, tutto segue un copione preciso.

Staging viene da *stage* che vuol dire palcoscenico, traducete pure sceneggiatura o messa in scena, come al cinema o al teatro o in uno studio televisivo. Altro che togliere le foto di famiglia, con lo *staging* si raggiunge uno stadio più sofisticato: casa tua viene travestita, resa irriconoscibile, diventa un luogo finto che obbedisce a convenzioni decise da un anonimo «mercato». Tutto ciò che ti sembrava rendere il tuo appartamento un abitacolo caldo e intenso, una tana accogliente, un luogo carico di significati e di umanità va cancellato per assomigliare il più possibile alle foto di un magazine di arredamento.

Noi, allo *staging*, non ci siamo arresi, stavolta. Intanto costa carissimo, per la consulenza e l'affitto del materiale le decoratrici e i decoratori specializzati ti fatturano anche cinquantamila dollari. E poi sarebbe proprio impossibile: nella primavera del 2022 stiamo cercando di vendere l'appartamento stesso in cui viviamo; non possiamo abbandonare casa nostra perché diventi quel luogo asettico, artificiale, come vorrebbe l'agente immobiliare. Scrivo che «stiamo cercando», perché non è scontato che l'operazione vada a buon fine. Non è la prima volta che affrontiamo il mercato immobiliare americano e quindi conosciamo i suoi tranelli, trabocchetti, incognite. Per cominciare: la leggenda popolare per cui in America diventi ricco comprando e rivendendo appartamenti non si applica al sottoscritto. Sento raccontare di epoche memorabili in cui i prezzi degli appartamenti newyorchesi o californiani andavano sempre più su, con una vertiginosa inflazione. Guarda caso: quando tocca a me vendere, invece, mi si spiega che è il momento sbagliato, sono incappato in un periodo di ribassi. Sarebbe molto meglio se questo appartamento dovessi venderlo a Miami Beach in Florida o a Phoenix in Arizona. L'erba del vicino è sempre più verde, e noi non possediamo un mattone né in Florida né in Arizona. Così Stefania e io ci rassegniamo senza troppe illusioni a subire la sequenza dei visitatori accompagnati dalla nostra agente. Le visite avvengono con preavviso breve, per cui Stefania ogni volta deve nascondere metà delle sue cose: sotto i letti, stipate dentro gli armadi, sul pianerottolo di servizio, o nel minuscolo locale cantina. Al termine la risposta sarà quasi sempre la stessa: ogni potenziale acquirente segnala un elenco di difetti, necessità di lavori, e richiede un pesante ribasso sul prezzo.

Un altro mito che siamo costretti a sfatare è quello della semplicità. Confesso di averci creduto anch'io, inizialmente. L'apparenza inganna. Al primo impatto, in superficie, l'America ti sembra un Paese dove c'è poca burocrazia e tutto è più facile, veloce. Certo, se il paragone viene fatto con l'Italia, allora è vero: la burocrazia italiana è imbattibile per la sua assurda complessità. Però gli Stati Uniti non sono all'altezza della loro fama e bisogna viverci per scoprire le loro magagne.

Nell'elenco delle differenze positive: non esiste il notaio. Per meglio dire, quello che si chiama *notary* è una figura banale, investita di un ruolo di pubblico ufficiale per delle pratiche come l'autenticazione della tua firma. Scopri che può svolgere funzione di *notary* perfino il commesso della tua banca o l'impiegato delle spedizioni FedEx. Pratiche notarili che costano care in Italia le smaltisci in pochi minuti e per qualche decina di dollari. Il risparmio su una compravendita immobiliare è notevole, non dovendo mantenere la casta notarile. Però, però. Le insidie stanno altrove. Un contratto di compravendita col passare del tempo si è caricato anche qui di strati di regolamentazioni, dalla certificazione tecnica sulla sicurezza fino alle nuove norme ambientali. Sta di fatto che alle mie precedenti compravendite ho dovuto firmare moduli in quantità enorme e alla fine mi sono portato a casa chili di carte (nonostante la digitalizzazione). Questa complessità fa sì che l'agente immobiliare – pur prelevando una commissione del 6 per cento – ti scongiura di farti assistere anche da un avvocato. Ha ragione, è sconsigliabile farne a meno.

Un decennio fa vendetti il mio primo miniappartamento newyorchese, dove avevo vissuto da single mentre mia moglie lavorava a San Francisco. L'acquirente, un giapponese che abitava sul mio stesso pianerottolo, il giorno della firma si presentò assistito da un avvocato talmente noto che la mia agente immobiliare impallidì: nell'ambiente lo chiamavano «*the Shark*», lo squalo. Ecco, tu non hai nessuna voglia di trovarti in una situazione del genere: senza assistenza legale mentre all'altro lato del tavolo con la tua controparte siede uno che si fa chiamare «lo squalo».

Sempre nella lista dei miti da sfatare: mutui e tasse. Un tempo (prima della crisi del 2008-2009), sì, era facile e veloce ottenere un prestito bancario per comprar casa; il tipo di garanzie richieste e di controlli sulla tua solvibilità si esaurivano in fretta. Io per la verità non ho mai usufruito di quel trattamento, neanche dal primo mutuo contratto nel 2004 per un appartamento a San Francisco. In quella circostanza mi fu rivelato il provincialismo americano. Nel 2004, in un'era in cui le banche ti prestavano soldi anche se non ne avevi bisogno, e i mutui te li tiravano dietro, io mi scontrai con questa realtà: a San Francisco, nel cuore della Silicon Valley californiana, tra le multinazionali digitali più potenti del mondo, e in una società piena di talenti multietnici venuti da quattro continenti, l'impiegato bancario andava in crisi davanti a una busta paga straniera. Il mio stipendio mensile arrivava da un giornale con sede in Italia, per di più in euro. Tutte le pratiche standard per misurare la solvibilità e affidabilità di un cliente non prevedevano un cliente straniero con reddito da lavoro pagato da un ente straniero. Detto questo, il mutuo me lo diedero e alla fine, malgrado le complicazioni e i rallentamenti, la pratica fu comunque più semplice e breve che in Italia.

Da allora però l'America è cambiata. La grande crisi del 2008-2009 ebbe origine proprio da un sistema di mutui «scadenti», rilasciati a una clientela con alto tasso d'insolvenza. Lo schianto finanziario a Wall Street e la recessione successiva, diedero il via a profonde riforme. Come accadde purtroppo anche qui, il rimedio alla mancanza di controlli che provocarono il grande crac dei mutui fu una proliferazione di moduli burocratici, carte e formulari per lo più inutili. Oggi avere un mutuo americano non è più quella passeggiata tranquilla di una volta. Le dichiarazioni da firmare, i documenti da esibire, le garanzie dal tuo datore di lavoro, i dettagli su ciò che possiedi o sui tuoi debiti, tutto si traduce in una produzione colossale di modulistica (digitale), uno spreco di tempo enorme. Il tutto viene gestito ormai quasi esclusivamente dall'intelligenza artificiale, cioè da software che esautorano il funzionario di banca. Forse il sistema è più sicuro e non avremo un'altra crisi dei mutui subprime come nel 2008? Sono scettico. Noi combattiamo sempre la penultima crisi e arriviamo sempre impreparati alla prossima. Inoltre mi colpisce il fatto che una caratteristica deteriore del 2008 si è perfino accentuata: la banca che ti fa il mutuo è solo un intermediario effimero, perché non vuole accollarsi alcun rischio, quindi istruisce una pratica iniziale e poi ti scarica sull'*underwriter* (sottoscrittore), un altro intermediario ben più oscuro che a sua volta suddividerà in tanti pezzettini il credito che vanta nei tuoi confronti e lo venderà sul mercato al più presto. Il sistema è altrettanto mastodontico che nel 2008, non mi sembra abbia guadagnato molto in trasparenza, ed è molto più burocratico. Una sola cosa non è cambiata: davanti alla mia pensione che arriva dall'Europa, il software impazzisce.

Sempre sul mito della semplicità americana, devo darvi un'altra delusione. La maggior parte dei potenziali acquirenti che vengono a visitare il nostro appartamento lascia all'agente immobiliare questo commento: ha bisogno di lavori. Grazie, lo sappiamo anche noi, ci sono un mucchio di difettucci da riparare, e poi sono un po' vecchiotti sia la cucina con gli elettrodomestici, sia i bagni. A noi però sembra scontato che i lavori vogliano farli i nuovi proprietari. Che si tratti di «rinfrescare» tutte le pareti con una mano di vernice, di comprare una nuova cucina, o di fare ristrutturazioni radicali, troviamo evidente che chi compra rinnoverà l'appartamento in base ai suoi gusti. Macché. Di nuovo l'agente immobiliare corregge i nostri pregiudizi italiani. L'acquirente, ci spiega, è terrorizzato all'idea di tutti i permessi che dovrà chiedere per i lavori. Ahimè, dobbiamo ammettere che su questo punto Irene ha ragione. Non c'entrano i vincoli urbanistici e paesaggistici italiani, tipo la soprintendenza alle Belle Arti, che qui non esiste. Qui il problema è un altro.

Il nostro palazzo, un grattacielo-condominio come tanti altri a Manhattan, ha un regolamento per i lavori di manutenzione che è lungo quanto l'Antico Testamento. Prima di far venire a casa tua la ditta di muratori per le nuove piastrelle, o l'elettricista per il nuovo impianto di aria condizionata, devi chiedergli certificati di assicurazioni, licenze, permessi, assicurazioni. La burocrazia di New York City ha una fama leggendaria e sinistra. Una delle «torri» che compongono il nostro grattacielo, con decine di appartamenti, è rimasta senza gas per un anno, perché ogni volta mancava un certificato tecnico e un'autorizzazione comunale per l'avvio dei lavori. Ecco la ragione per cui l'acquirente vuole un appartamento già rifatto, e pazienza se bagno e cucina non sono quelli che avrebbe comprato lui: purché siano nuovi fiammanti.

L'ultimo mito che devo polverizzare è quello del fisco. Per essere precisi i miti sono due. Per molti italiani l'America è un paradiso fiscale: meno tasse, e più semplici. È vero solo in parte, e molto dipende dallo Stato Usa in cui abiti. Texas, Florida e molti altri (di solito quelli governati dai repubblicani) sono davvero dei semiparadisi fiscali con un prelievo molto inferiore a quello europeo. New York e la California hanno strati di tasse locali che arrivano a comporre una pressione fiscale quasi europea. Mi spiego: l'Irpef federale arriva al massimo a un'aliquota del 40 per cento, ma California e New York ci aggiungono fino a un massimo del 15 per cento di un'Irpef locale. Dove l'America tutta intera si prende una rivincita, è sulla casa. La *property tax*, una patrimoniale immobiliare, è molto più alta di quanto paghino gli italiani, e qui non esiste l'esenzione per la prima casa.

In quanto alla semplicità, è molto relativa. Se sei povero sì, le tasse non le paghi proprio, anzi spesso hai diritto a una «tassa negativa», un credito fiscale, un sussidio. Se sei un lavoratore dipendente americano che ha come unico reddito la busta paga, allora il fisco è davvero semplice, la tua azienda fa la ritenuta alla fonte e la tua dichiarazione dei redditi puoi sbrigarla in poche ore, ogni anno entro il 15 aprile, con l'aiuto di un software per le pratiche digitali con la pubblica amministrazione. Ma se appena il tuo reddito è diverso – per esempio da lavoro autonomo, o libera professione, o piccola impresa familiare – ti sarà difficile fare a meno del commercialista. Io, per il solo fatto che campo di diritti d'autore su libri venduti all'estero, dal commercialista ci passo molte ore all'anno, gli devo portare un bel po' di carte, e senza di lui sarei perduto.

Il mito fiscale più discutibile è un altro: lo chiamerò «il mito di Al Capone», dal quale molti italiani deducono che in America nessuno evade le tasse. Forse ricordate la vicenda di Al Capone. Il più famoso boss di Cosa Nostra in America fu incastrato non per le stragi di cui era il regista, ma per avere evaso le imposte. La storia di Al Capone non è eccezionale. Anche in altri casi è accaduto che la giustizia americana, non riuscendo a «incastrare» su reati più gravi un politico corrotto, un mafioso, un imprenditore bancarottiere, vada a frugare nelle sue dichiarazioni dei redditi. Le sanzioni previste per chi evade sono così severe, che possono funzionare come un «surrogato» sufficiente, nel caso non si riescano a dimostrare altri crimini. Le manette agli evasori negli Stati Uniti sono una realtà, non una promessa fallace. E nessuno considera che si tratti di una punizione eccessiva. Un caso celebre quasi quanto Al Capone fu quello di Leona Helmsley, ricca vedova che dal marito aveva ricevuto in eredità un impero alberghiero. Per anni credette di fare la furba e a una cameriera confidò: «Le tasse le pagano i poveracci». Sbagliato: andò a scontare diciannove mesi di carcere duro, in un penitenziario federale.

Il procuratore che ottenne la condanna, un certo Rudolph Giuliani, ebbe cura che il suo ingresso in carcere avvenisse un 15 aprile: che è appunto il giorno canonico per la presentazione della dichiarazione dei redditi. Lo spettacolo della Helmsley in carcere fu confortante per la maggioranza degli americani che fanno il proprio dovere fiscale. Le sanzioni severe non esauriscono la differenza tra America e Italia. Le sanzioni penali americane sono assortite da sanzioni «sociali». Negli Stati Uniti non è considerato disdicevole, ma anzi un dovere civico, segnalare al fisco gli evasori. E le spiate hanno un seguito, sono una fonte importante di recupero di gettito. Al punto che l'Internal Revenue Service (l'Agenzia delle entrate Usa) prevede per gli informatori dei premi in percentuale sul gettito recuperato all'evasore. Le spiate più efficaci vengono dall'interno delle aziende, spesso sono impiegati della contabilità, già esperti di tasse, gli informatori più preziosi per lo Stato. Alcuni hanno guadagnato una fortuna: fino al 20 per cento dell'imposta evasa dai loro datori di lavoro.

Immagino le obiezioni che verrebbero sollevate in Italia, più o meno in buona fede: c'è chi griderebbe alla «delazione incentivata», chi si spaventerebbe di fronte al rischio che le spiate al fisco siano strumenti di vendette personali, ricatti e ritorsioni varie. Ma abbiamo usato anche noi come gli americani i collaboratori di giustizia nella lotta alla mafia. Il problema è che in Italia la guerra all'evasione non riscuote lo stesso consenso sociale della lotta alla criminalità organizzata. Nei Paesi più civili, dei quali solitamente ammiriamo la disciplina, la legalità, la buona educazione, tutti questi comportamenti virtuosi sono diffusi perché agisce un potente «conformismo civico». Più della paura della polizia o del giudice, è il giudizio dei vicini di casa che spinge tanti americani a pagare le tasse, a rispettare le regole. La chiamano *peer pressure* ovvero «pressione dei propri simili».

Tina Rosenberg, vincitrice di un premio Pulitzer, nel suo libro, *Join the Club*, cerca di distillare dalla sua esperienza delle lezioni proprio sul tema della pressione sociale che può cambiare noi stessi, e il corso degli eventi. La lezione di Rosenberg è che la qualità della società in cui viviamo non è tanto il risultato delle leggi, dei governi, dei leader che ci amministrano. Molto dipende da fattori comunitari: dall'interazione fra noi, dal «conformismo buono» che genera fiducia, onestà, responsabilità, solidarietà.

Tutto questo è confortante, ma purtroppo non esaurisce la situazione del fisco in America. Questa storia virtuosa ha delle eccezioni gigantesche, mostruose. Da un lato ci sono i privilegi delle multinazionali: avrete letto che Amazon, Apple e altri colossi di quella taglia hanno parcheggiato profitti all'estero pagando tasse ridicole, tipo lo 0,2 per cento in Irlanda. Questa si chiama elusione, non evasione, perché decenni di norme fatte su misura per il grande capitale hanno legalizzato privilegi scandalosi. Nel 2021 Biden ha raggiunto un accordo in seno al G7 e al G20 per una *global minimum tax*. L'aliquota è modesta, 15 per cento degli utili, cioè un terzo di quel che pago io, però è meglio dello 0,2 per cento. Aspetto a vederlo per crederci: gli uffici legali delle multinazionali conoscono più trucchi del diavolo. Mentre sto scrivendo, nella primavera del 2022, è tutt'altro che certo che il Congresso voglia ratificare la *global minimum tax* concordata da Biden nei vertici internazionali.

Poi c'è la storia delle tasse di Donald Trump. Su questa voglio soffermarmi perché ha diramazioni ignobili in tutte le direzioni: non risparmia nessuno. È una vicenda con molti capitoli, colpi di scena, e tanti retroscena misteriosi o sconcertanti.

Già agli albori della sua prima campagna elettorale, nel 2015, più volte gli fu contestato il rifiuto di pubblicare le sue dichiarazioni dei redditi. Il suo era un gesto scandaloso, visto che dai tempi del presidente repubblicano Richard Nixon (quello dello scandalo Watergate, non uno stinco di santo) per mezzo secolo tutti i candidati presidenziali americani si sono sottoposti a questo dovere di trasparenza fiscale. La segretezza di Trump ha alimentato sospetti, accuse. Il «New York Times» in un lungo reportage investigativo pubblicò prove che sul finire degli anni Novanta lui evase le imposte di successione sull'eredità paterna pari a mezzo miliardo. La ricostruzione del quotidiano era dettagliata. Perciò rimasi allibito di fronte alla reazione dell'Internal Revenue Service: dopo il reportage del quotidiano annunciò che avrebbe aperto un accertamento. Ma come, solo dopo? Il fisco americano si decideva con vent'anni di ritardo, a fare il suo dovere? Gli ingredienti di una possibile maxievasione fiscale dunque furono ignorati da chi doveva intervenire subito. Trump era una ipercelebrity sulle copertine dei rotocalchi già negli anni Novanta e di solito la visibilità aumenta l'esposizione a indagini fiscali. Gli ispettori del fisco e i magistrati che possono ordinare questo tipo di indagini hanno poteri ben più incisivi e invasivi, rispetto ai reporter del «New York Times». È inevitabile chiedersi chi lo abbia coperto. E quanto lo abbiano protetto le sue generose donazioni ai politici che governano New York, inclusi quegli alti magistrati, procuratori dalle cariche elettive, a cui lui finanziò le campagne. Tutti democratici, dal primo all'ultimo. Sissignori, perché fino a poco prima della sua discesa in campo per l'elezione del 2016, Trump era stato più vicino al Partito democratico. Aveva finanziato perfino la campagna senatoriale di Hillary Clinton, sua futura rivale per la Casa Bianca.

Dove va a finire il mito di Al Capone; o la favola rassicurante del «conformismo virtuoso»? Non pagare le tasse è *smart*. Traduzione: astuto, intelligente, brillante. Parola di Trump, anno 2016. Fra le tante sorprese di quella campagna elettorale, piena di shock.

Dopo il razzismo e la misoginia, Trump sdogana l'elusione fiscale. Noi credevamo fosse un vizio italico sottrarsi ai doveri del contribuente e vantarsi di essere «furbi». Che colpo per il nostro mito americano. Vale la pena ricordare quello scambio di battute fra Hillary e Donald in un duello televisivo del 2016. Lei: «Perché

Trump si ostina a non mostrarvi le sue dichiarazioni dei redditi, primo candidato in quarant'anni che nega questa trasparenza fiscale? Forse non vuole sappiate che non paga tasse federali?». Lui: «Be', vuol dire che sono *smart*».

Nel corso di quella campagna, una fonte anonima inviò sempre al «New York Times» la sua dichiarazione dei redditi del 1995, da cui risultava una perdita così pesante – 916 milioni di dollari – che spalmandola sugli esercizi fiscali successivi Trump poteva avere pagato zero imposte federali per diciotto anni consecutivi. Trump ha accusato il quotidiano di essersi procurato quel documento illegalmente, ma non lo ha mai smentito. Dunque Hillary aveva visto giusto (oppure aveva la sua «gola profonda»). Prima ancora, un reporter di Politico.com lo aveva interrogato sulle voci che circolavano sulle sue «zero tasse». Trump aveva risposto a muso duro: «Benvenuti nel business immobiliare». Cosa voleva dire? Ci tornerò. Intanto fatemi ricordare ancora che due giorni dopo quel duello televisivo del 2016, davanti a un intervistatore amico su Fox News, Trump rincarava la dose: «Le tasse le pagherei, se i politici sapessero come spendere quei soldi. Invece li sprecano». Dunque era convinto di avere dalla sua una parte dell'opinione pubblica, per quella sua «furbizia». Un duro colpo al mito di Al Capone, a una certa immagine dell'America alla quale abbiamo creduto sinceramente, e che a suo tempo usammo anche per denunciare le anomalie italiane: Silvio Berlusconi, e non solo.

Dunque non è più vero che l'America non perdona

chi viene meno ai propri doveri fiscali? Dipende. La vicenda Trump costringe a fare i conti con due verità scomode. Primo, c'è un capitalismo americano che pratica l'elusione fiscale sfruttando tutte le possibilità offerte da normative perverse, leggi ad hoc, conquistate con la pressione lobbistica. Certe forme di elusione avvengono in casa, senza bisogno di andare a Dublino. Interi settori come quello immobiliare si sono costruiti dei «paradisi fiscali interni», ricattando le amministrazioni locali (democratici inclusi). O mi cancelli le tasse oppure io costruisco altrove, e i posti di lavoro li creo nel collegio elettorale di un altro governatore, di un altro sindaco. Il risultato è una giungla di esenzioni e sovvenzioni, tali che alla fine un miliardario come Trump paga meno di un impiegato.

Seconda verità scomoda. Una parte della società americana si sente oppressa dal fisco, e riceve servizi pubblici così scadenti in cambio delle imposte, da solidarizzare perfino col miliardario «furbo». L'affarista sussidiato dai favoritismi fiscali diventa un eroe che riscatta le sofferenze del contribuente medio, in un assurdo rovesciamento delle parti. Ma questo rivela un problema per i democratici, per i progressisti. Se la sinistra è il partito dell'Agenzia delle entrate, una fascia di elettori la teme come la peste. Se il Partito democratico si presta alla caricatura che ne fanno i repubblicani – «Per la sinistra ogni problema nazionale si risolve solo buttandogli addosso denaro pubblico» – un pezzo di America è disposto a scambiare il furfante per un uomo della provvidenza.

In undici degli ultimi diciotto anni Donald Trump non ha pagato tasse. Nel 2016 e nel 2017, se l'è cavata con 750 dollari per l'anno intero. L'ennesimo scoop sulle tasse del presidente esce sul sito del «New York Times» durante la seconda campagna elettorale, la sfida Trump-Biden, il 28 settembre 2020. «Fake news!» accusa il presidente uscente. Il dossier del quotidiano ha fonti autorevoli, tra queste con ogni probabilità la magistratura e l'Internal Revenue Service, dove procede un'indagine fiscale il cui esito potrebbe essere rovinoso per le finanze di Trump. Il contenzioso può costargli cento milioni. Trump per anni ha pagato tasse consistenti che si è poi fatto restituire integralmente con varie giustificazioni, e su quei maxirimborsi sono in corso accertamenti e contestazioni.

Le carte del «New York Times» tornano sempre sul mistero su cui i media si arrovellano dal 2015. I sospetti puntavano in due direzioni: o Trump voleva nascondere di pagare poco o nulla al fisco; oppure di essere sull'orlo del fallimento. O infine una combinazione di tutt'e due. Dietro i maxirimborsi richiesti e ottenuti dal fisco ci sarebbe una situazione debitoria pesante, al limite della sostenibilità: 420 milioni di debiti in scadenza. Già quattro anni prima circolava l'idea che lui avesse lanciato la propria candidatura per salvarsi da una situazione finanziaria fragile, usando una passerella di visibilità per rilanciare il proprio marchio. La reazione di Trump all'ennesimo scoop fiscale del 2020 era ancora una volta rivelatrice: «I media delle fake news, proprio come nell'elezione del 2016, tirano fuori le mie tasse e ogni sorta di assurdità, con informazioni ottenute illecitamente e malevole. Ho pagato milioni di dollari di tasse ma avevo diritto, come tutti, agli ammortamenti e crediti d'imposta». Già, ammortamenti e crediti d'imposta. Cioè quella giungla di agevolazioni che tutti i legislatori di ambo i partiti hanno regalato a tutti i palazzinari, non solo a Trump.

Fra le tante leggine speciali che regalano esenzioni ai costruttori miliardari, la più famigerata è l'articolo 421a. Praticamente tutti i progetti immobiliari residenziali ricadono sotto questa agevolazione, che sottrae al fisco 1,77 miliardi di dollari di gettito ogni anno. Mentre scrivo, Trump è un ex presidente da più di un anno. Ma le indagini fiscali a suo carico languono. Alcune sono state perfino archiviate. Da magistrati di sinistra. Dimenticavo: abbiamo una magistratura elettiva, e diversi procuratori generali di New York, democratici, ricevettero anche loro finanziamenti da Trump per le campagne. Come da tutti gli altri immobiliaristi, alcuni dei quali valgono il quintuplo di Trump. E dormono sonni beati, mai turbati dall'incubo di Al Capone.

Un esempio virtuoso

Non finirò il capitolo soldi su una nota così amara.

Nonostante l'olezzo putrido che esala da certi dossier fiscali, l'America ha delle qualità che continuo ad ammirare, sul terreno economico. Ricordo la reazione di un turista italiano in visita al Chelsea Market nel Meatpacking District, un'antica fabbrica di biscotti del primo Novecento riconvertita in shopping mall, con ristoranti, librerie e uffici per imprese innovative (Google Lab) riuniti nello stesso spazio. La sua osservazione: «Ma perché queste operazioni non si riescono a fare in Italia?».

Il Chelsea Market era un pezzo di archeologia industriale, una vecchia fabbrica della Nabisco inutilizzata da tempo, un reperto dell'epoca in cui Manhattan era disseminata di ciminiere, ferrovie merci, opifici, insediamenti di classe operaia. La ex fabbrica è rinata con una vocazione modernissima. È un luogo modaiolo, a due passi dalla High Line, affollatissimo di newyorchesi e di turisti a tutte le ore del giorno e della notte. Ci vai a mangiare l'aragosta fresca del Maine o a comprare libri; oppure vai a lavorare come inventore nel Google Lab. Il riuso della Nabisco, diventata Chelsea Market, è un'operazione fatta con regia pubblica (ci vogliono i permessi del sindaco di New York) e capitali privati. Ecco, tra i fattori che spiegano la veloce ripresa dell'economia americana dopo tutte le crisi (lo schianto dei mutui nel 2008 oppure la pandemia), non bisogna dimenticare questo ingrediente fondamentale: un mercato che funziona. L'America in generale, e New York in particolare, è un luogo dove «tutto è possibile» perché c'è l'abitudine a investire capitale di rischio, a sfruttare sinergie pubblico-privato. E di fronte alle idee nuove, anziché pensare tutte le controindicazioni possibili, scatta un pregiudizio favorevole.

Fuori da New York è perfino meglio. Un modello liberista che funziona si sta affermando in Texas e in Florida. Dopo il disastro sistemico della finanza immobiliare nel 2008-2009, uno dei primi mercati a riprendersi fu quello della Florida, grazie agli investimenti dall'Europa. Nella crisi del 2008 i prezzi delle case erano caduti del 40 per cento, da allora si sono ripresi alla grande. Quelli che fuggono dalle turbolenze dell'Europa e cercano nel mercato immobiliare Usa un bene-rifugio non sono solo speculatori. Per alcuni europei la Florida è un'opzione come luogo dove avere la seconda casa. Questi investitori si uniscono a un trend ormai antico, iniziato negli anni Cinquanta del secolo scorso, quando tanti pensionati americani cominciarono a scegliere le spiagge del Sud e il loro clima caldo per trascorrervi la terza età.

Terry Gillian del «Financial Times» trova la cosa paradossale. La Florida, osserva, non dovrebbe essere una concorrente bensì un modello per gli Stati dell'Europa mediterranea in crisi. Guardando da vicino al caso Miami, noi italiani avremmo qualcosa da imparare, forse un motivo di speranza. Ancora pochi decenni fa la Florida era uno Stato arretrato rispetto alla media Usa, quasi sottosviluppato. Si è rilanciata costruendo un'industria turistica dal fatturato di 80 miliardi di dollari annui, che dà lavoro a un abitante su sette. Ha saputo sfruttare al meglio il fenomeno degli «snowbird», gli uccelli migratori che fuggono dalla neve: milioni di americani in cerca di un clima più clemente e paesaggi più gradevoli rispetto alle metropoli del Midwest o del profondo Nord. Non guasta l'assenza di un'addizionale Irpef. La Florida è il Portogallo degli Stati Uniti: offre ai pensionati del ceto medio un po' dei privilegi di cui godono le multinazionali. A facilitare queste migrazioni di massa verso il Sud ha contribuito il fatto che la Florida fa parte di un mercato unico e di una moneta unica con il resto degli Stati Uniti: traslocare da Chicago a Palm Beach significa restare all'interno di un'area omogenea. I trend demografici parlano chiaro: un business in crescita sono i baby boomer che arrivano all'età della pensione. La Florida insegna come trasformarlo in opportunità e farne il motore di sviluppo di un intero Stato.

L'incubo della burocrazia italiana

Baby boomer in pensione: presente! Quello sono io. Mio malgrado, però. E con grande sconcerto dei miei amici americani, che continuano a non capirmi quando gli racconto la mia vicenda.

Non entro nei dettagli della mia storia, anche perché in Italia è banalissima, succede tutti i giorni e in ogni settore. In poche parole, una crisi aziendale ha suggerito al mio ex datore di lavoro di spingermi verso l'uscita definitiva. All'età di sessantacinque anni e mezzo, sono diventato un pensionato. Non mi lamento, perché come vedete continuo a scrivere libri e a fare tante altre cose. Ho creato una società. Per la prima volta nella mia vita, è da pensionato che sono diventato un piccolo imprenditore. Comunque, anche in assenza del pensionamento anticipato, a sessantasette anni, in quanto dipendente italiano, sarei stato costretto per legge a ritirarmi. È proprio qui che gli amici americani fanno fatica a capire di cosa parlo.

Negli Stati Uniti, infatti, non esiste una legge nazionale che obblighi ad andare in pensione. Da anni rifletto sulle incredibili contraddizioni del sistema italiano. Ora la mia generazione ne è vittima. La mia storia, come quella di tanti coetanei e perfino più giovani di me, è un assurdo: mentre si combatte per alzare l'età del lavoro di tutti, si consente ad alcuni datori di lavoro di obbligare i propri dipendenti all'anticipo, per far quadrare i bilanci delle aziende (aggravando quelli dell'Inps). Il mio non è un lamento personalistico, ma la constatazione di un uomo che è (anche) cittadino americano, che è cresciuto in Belgio, è stato corrispondente da Parigi e da Pechino, ha lavorato in mezzo mondo. I miei racconti sulla burocrazia demenziale che mi ha «accompagnato» fino alla pratica del pensionamento lasciano gli americani esterrefatti. Per esempio, quando gli rivelo che al momento di dimettermi ho dovuto anche farlo su un sito del Ministero del lavoro. Era obbligatorio. Gli italiani, invece, non si stupiscono né s'indignano più, sono mitridatizzati, cioè abituati al veleno a dosi crescenti: uno Stato onnipresente che entra in ogni rapporto privatistico. Dicono: ma così si fa spazio ai giovani. Balla colossale. Non solo per il rapporto di ricambio, un assunto per dieci cacciati. Poi perché non esiste «sostituzione» tra chi ha quarant'anni di esperienza e un neoassunto. Sono lavori del tutto diversi.

Un altro paradosso italiano che gli americani non riescono neppure a immaginare è la Pec con cui ho dovuto espletare tutte le pratiche. Le email normali lasciano traccia e perciò sono prove accettate nei tribunali di tutto il mondo, restano come documenti indelebili. La «email raccomandata» è una perversione solo italiana. Se non ce l'ho, mi cancellano anche dal mio ordine professionale (dei giornalisti).

Ma torno alla previdenza. Ci scrissi un libro a trentotto anni, nel 1994. Non sono accusabile di discorsi... *pro domo mea*. Non ho mai condiviso l'idea di una età di ritiro fissata per legge. È figlia di una visione dirigistica dello Stato e di una concezione pauperistica dell'economia, come strumento di razionamento della scarsità. I governanti italiani (e anche di altri Paesi europei altrettanto statalisti e dirigisti, come la Francia) immaginano il lavoro come una torta da fare a fette, sempre più piccole, per sfamare tutti. I datori di lavoro europei stappano lo champagne ogni volta che riescono a buttar fuori un cinquantenne. Ma solo nel pubblico impiego accade che in seguito ai prepensionamenti venga assunto qualche giovane: perché contano ancora logiche sovietiche. Il lavoro non è una risorsa scarsa.

Una cosa bella dell'America è l'idea, sana, che più si lavora e più si crea ricchezza. Negli Usa c'è molta meno disoccupazione giovanile che in Europa. Ci sono più anziani al lavoro, e quegli anziani creano una ricchezza che a sua volta genera altra occupazione. Esclusi gli usuranti, gli altri in genere si ritirano dal lavoro quando vogliono o quando lo giudicano conveniente. I poliziotti newyorchesi, quelli sì, li trovi anche a cinquantadue anni a godersi la baby pensione, pescando nel fiume Hudson. È una conquista dei loro sindacati, dato quel che rischiano. Come i vigili del fuoco. Ma molti altri si ritirano quando vogliono o quando gli conviene: con il contributivo puro.

In America non esiste nessun divieto di lavoro a settanta o settantacinque anni, anzi c'è una legge contro l'*ageism* cioè la discriminazione sulla base dell'età. È tutta europea, e profondamente falsa, l'idea che chi lavora stia rubando il lavoro a un altro. Eppure è l'America la patria del giovanilismo. Nelle aziende di innovazione, non c'è dubbio che un ventenne possa surclassare un vecchio arnese come me. Bill Gates, Steve Jobs, Mark Zuckerberg erano tutti ventenni quando fondarono Microsoft, Apple, Facebook. Però la prevalenza dei giovani accade sul piano della competizione e del merito, non per un limite dirigistico. I miei amici americani, alcuni dei quali lavorano pur essendo molto più anziani di me, stentano a misurare la più antica patologia italiana. Lo Stato invasivo, la burocrazia onnipotente si illudono di regolare dall'alto ogni fenomeno sociale. E comunque non ci riescono mai, perché la realtà produce esiti opposti.

A proposito di giovani. In America, ho sempre avuto come compagni di viaggio i nostri «cervelli in fuga». Una distinzione: io non sono uno di loro, visto che ho quasi sempre lavorato per giornali e case editrici italiani, faccio parte della categoria contigua ma diversa degli «espatriati». I veri «cervelli in fuga», invece, hanno dovuto cercare e trovare datori di lavoro all'estero. Perché l'Italia non è stata in grado di offrire loro opportunità adeguate? Perché i tanti governi che hanno annunciato strategie per farli ritornare in patria regolarmente hanno fallito? Quali sono le cause profonde di questa fuga?

Nelle mie due «patrie provvisorie» negli Stati Uniti – New York dove abito, la California dove mia figlia è docente universitaria – continuo a vedere arrivare un flusso costante e perfino in aumento dei nostri giovani talenti. Una prima constatazione è d'obbligo. Queste ragazze e questi ragazzi, che appena arrivati si fanno stimare e s'inseriscono brillantemente, non sono soltanto la prova che l'Italia è avara di opportunità; hanno successo negli Stati Uniti perché sono bravi e preparati, merito loro e dei licei e delle università che li hanno formati. È la conferma che nonostante gli enormi problemi dell'istruzione italiana, il suo livello medio è ancora buono. Eppure, anche nel mondo della scuola si fanno danni in nome di un populismo che ha radici antiche: nei «voti politici» del Sessantotto, nell'idea che promuovere tutti sia d'aiuto ai giovani, che il diploma regalato sia un diritto universale. Quando un ministro si è azzardato a stigmatizzare i professori del Sud che hanno la promozione facile, ha sollevato un problema risaputo da anni, una piaga sociale. Tuttavia, una brava sociologa come Chiara Saraceno ha sentito il bisogno di attaccarlo, intonando la solita filastrocca pauperistica: «Le peggiori performance medie degli studenti del Mezzogiorno non sono causate da un minor impegno loro e dei loro insegnanti, ma dalla maggiore concentrazione di povertà a fronte di una minore disponibilità di risorse pubbliche» («la Repubblica», 10 febbraio 2019).

Questa è la cultura del piagnisteo, che una parte della politica ha contribuito a radicare tra i giovani, soprattutto al Sud. Li rende impreparati ad affrontare un mondo meritocratico e competitivo, dove i loro coetanei cinesi o giapponesi o coreani, impregnati di cultura confuciana, non perdono tempo a cercare scuse, studiano e vincono concorsi, fanno incetta di borse di studio nelle migliori università europee e americane. Anche quegli italiani che ce l'hanno fatta, che si sono affermati nel mondo della scienza, della ricerca, dell'imprenditoria, hanno voltato le spalle alla cultura del piagnisteo.

Un altro stereotipo diffuso e ingannevole è quello che descrive l'Italia come un Paese gerontocratico, che ostacola i giovani perché le generazioni anziane stanno abbarbicate ai loro posti di lavoro e al loro potere. È una rappresentazione parziale, generica e in buona parte falsa. I Paesi dove i giovani italiani espatriano perché trovano più opportunità sono Paesi dove gli anziani lavorano più a lungo: le due cose non sono affatto incompatibili. Inoltre l'Italia non è un Paese difficile per i giovani. È vero il contrario: l'Italia è il paradiso dei figli di papà. Là dove regna la raccomandazione, il nepotismo, lo spirito di clan, che è cultura mafiosa in senso lato, ci sono fior di giovani che si trovano benissimo. La fuga dei cervelli è anche la conseguenza di una guerra all'interno della stessa generazione: tra quelli che vogliono farsi strada con il loro talento e i loro sforzi, e quelli che alla nascita si trovano già la pappa pronta. Indulgere nei luoghi comuni sulla «generazione sacrificata» è un'impostura, purtroppo largamente praticata dai media italiani. Basta andare a guardare gli yacht in Costa Smeralda, le Lamborghini con guidatori italiani e targa di Monte Carlo, per trovarvi ben rappresentata una «gioventù dorata» che non ha mai avuto bisogno di emigrare. E quelli sono solo la punta dell'iceberg. Sotto ci sono tante altre categorie di privilegiati junior: dal mondo delle libere professioni ereditarie, che si tramandano rendite parassitarie di padre in figlio, al vasto fenomeno dei «figli d'arte» che hanno le carriere assicurate in tanti settori, dallo spettacolo al giornalismo.

I veri nemici dei nostri giovani sono altri giovani che li fregano barando al gioco.

Sotto questo aspetto in America è abbastanza irrilevante se alla Casa Bianca ci siano Bush, Obama, Trump o Biden. Basta vedere come la società americana ha reagito alla pandemia, a cavallo tra le amministrazioni di Trump e Biden.

L'esplosione di vitalità è stata chiamata, con un'enfasi un po' eccessiva, un nuovo Rinascimento americano. In effetti i dati sono impressionanti, la parola boom appare un understatement per descrivere quel che accade nell'economia degli Stati Uniti nel biennio segnato dal Covid. 4,4 milioni di nuove imprese create nel 2020, un record dei tempi moderni. Il 38 per cento dei lavoratori americani ha usato i lockdown per investire su se stessi, seguendo corsi di formazione e aggiornamento.

Mettersi in proprio è una delle cose che attirano molti giovani italiani immigrati di recente su questa sponda dell'Atlantico. Lo so bene, avendo vissuto in California dal 2000, perché il «piano B» (se perdo il posto di lavoro, se nessuno mi assume, creo la mia impresa e divento il datore di lavoro di me stesso) incontra meno ostacoli in questo Paese.

Molte cose sono più facili negli Stati Uniti per chi voglia lanciarsi in un'attività imprenditoriale: meno burocrazia, regole più semplici, maggiore accesso al credito bancario o al venture capital. Diverse indagini fatte sul terreno, tra gli italiani della Silicon Valley, rivelano una cosa importante: non è soltanto la mancanza di finanziamenti a far fuggire i nostri giovani inventori-imprenditori. Certo la Silicon Valley è l'Eden mondiale del venture capital, eppure in un'inchiesta pubblicata in occasione dell'Italian Innovation Day a San Francisco, questa facilità di accesso ai fondi figurava solo al quinto posto tra le motivazioni della fuga. Al primo posto, col 69 per cento di risposte nell'indagine, c'è un fattore ben diverso. È il network di contatti, seguito dalla possibilità di accesso a risorse umane di alto livello (ingegneri, programmatori, manager), e la prossimità con centri di ricerca. A loro volta, questi centri di ricerca (per lo più universitari) sono il bacino principale a cui attingere per cultura manageriale, invenzioni, reclutamento di personale altamente qualificato.

La conclusione della ricerca sfata alcuni luoghi comuni. La leadership mondiale della Silicon Valley californiana non è legata tanto all'abbondanza del capitale di rischio; è indifferente ai criteri di costo (la California ha una pressione fiscale tra le più elevate degli Stati Uniti e i salari al top). Quello che rende unica la Silicon Valley è l'ambiente, la vicinanza delle grandi università (Stanford, Berkeley e molte altre) che forniscono materia grigia e capacità di ricerca. A loro volta queste università hanno una marcia in più grazie alla dotazione di fondi (privati e pubblici), la meritocrazia, l'apertura alle relazioni con il business.

Poi c'è un dato impalpabile che fa parte della cultura prevalente nella società civile americana: l'apprezzamento per chi ha successo. Ha a che fare con lo spirito capitalista, lo stesso che ha consentito all'America di vincere la gara dei vaccini, anche con il contributo di tanti ricercatori stranieri. È l'atteggiamento americano che spiega tante storie di successo: nella mentalità locale, non c'è limite a quel che può realizzare l'ingegno imprenditoriale, tutti devono almeno tentare di diventare dei Mark Zuckerberg. Oppure Elon Musk della Tesla, un immigrato di talento che però si è spostato dalla California al Texas. All'interno degli Stati Uniti nessuno può starsene seduto sui suoi allori. Nemmeno la Silicon Valley. La meritocrazia vale pure nella competizione fra Stati Usa. E vinca il migliore.

Ho provato sulla mia pelle un piccolo assaggio delle ragioni che spiegano l'esodo recente di piccole start-up e di imprese medio-grandi dalla California e da New York verso i paradisi meridionali come Texas e Florida. (Elon Musk non è stato il primo né sarà l'ultimo.)

Creare una società a New York per me non è stato un percorso a ostacoli come lo sarebbe in Italia: qui fra l'altro non esiste l'Iva e quindi non ho dovuto cimentarmi con il percorso burocratico della partita Iva. Dove governano i democratici come a New York, c'è comunque una burocrazia abbastanza invasiva da costringermi ad affidare le pratiche a uno studio legale, che mi prende qualche migliaio di dollari all'anno per la sua consulenza. È una tassa anche questa, sia pure indiretta. L'America un tempo si definiva una nazione di imprenditori, oggi dobbiamo aggiornare la definizione: è una nazione di imprenditori e avvocati. Non a caso la lobby degli avvocati è una delle più generose di finanziamenti al Partito democratico...

Texas e Florida hanno burocrazie più leggere, meno invasive, quindi le imprese in quegli Stati hanno costi ridotti, anche a prescindere dal minor carico fiscale. Se poi fossi rimasto a vivere in California, ancora più a sinistra di New York, lì sono all'ordine del giorno i tentativi normativi per imporre alle aziende di avere nei consigli d'amministrazione quote obbligatorie di gay, lesbiche, transgender, afroamericani, ispanici. Per la precisione la mia società è troppo piccola per avere un consiglio d'amministrazione... Inoltre amo troppo New York per le opportunità d'incontri e la vita culturale che mi offre. Sono sposato a vita con un ambiente sociale e culturale di sinistra, anche se la degenerazione del politically correct mi fa imbufalire. Capisco che la fuga da New York, da San Francisco e da Los Angeles stia diventando un fenomeno di massa.

7
La sanità più folle del mondo. E anche la migliore?

Falsi miti e pregiudizi

Stai ansimando, disteso in una pozza del tuo sangue, gettato sull'asfalto di Manhattan, sei ormai sul punto di perdere conoscenza. L'ultimo ricordo che hai prima del buio: una sirena, un lampeggiante, un uomo in camice con una barella. E poi la sua domanda atroce: «Visa o MasterCard?».

Forse qualcuno di voi ha avuto davvero questo incubo. Se un furgone t'investe sulle strisce pedonali a New York, e ti riduce in fin di vita, l'ambulanza del pronto soccorso prima di raccoglierti vuol vedere la tua assicurazione, o ti chiede la carta di credito. Questa, secondo molti turisti europei, è la crudele sanità americana. Privata, capitalista, esosa, assassina. Se sei povero, oppure se sei uno straniero che ha dimenticato in albergo la Visa o l'American Express, guai a te. Armati di pregiudizi, molti connazionali arrivano in America con queste certezze: false, in buona parte.

La forza dei pregiudizi è tale che «costringe» qualcuno a mentire. Ricordo un dialogo a distanza che ebbi, in un talk show televisivo, con una ex corrispondente della televisione italiana. Aveva vissuto a New York, prima di andare in pensione. Durante la pandemia, dagli studi di Roma denunciava lo scandalo: in America i test del Covid secondo lei erano a pagamento e carissimi; i vaccini pure. Osai contraddirla: avevo appena fatto test e vaccinazioni, gratis. Ma il dogma è sempre più forte della verità, quindi la ex giornalista mi rispose che evidentemente io avevo i privilegi dell'assicurazione. Falso pure quello, avevo amici residenti in Italia e in transito momentaneo negli Stati Uniti, che riuscivano a fare i test e perfino le vaccinazioni gratis a New York. La sanità americana, pur essendo per lo più privata, aveva adottato regole e coperture speciali durante la pandemia, a carico dello Stato. C'era Trump alla Casa Bianca, però, e questo incoraggiava i colleghi giornalisti italiani a rafforzare le caricature del capitalismo sanitario. Salvo poi doversi mettere in fila in Italia per ottenere (in ritardo) i vaccini Pfizer e Moderna, prodotti su larga scala dall'industria farmaceutica americana. La pandemia è stata un test estremo, dagli esiti tutt'altro che semplici. Non è vero che i sistemi sanitari pubblici siano stati promossi a pieni voti, né che quelli privati siano stati disastrosi. Chi emette sentenze frettolose lo fa per partito preso.

La pandemia non è tutto, però. Ci si ammala e si muore per tante altre ragioni. Libero da pregiudizi e ignoranza, io con la sanità americana convivo da ventidue anni. Quando sarà il momento della fine, è probabile che per me avvenga in un ospedale americano. Non ho motivo per assolvere questo sistema, lo combatto e ne odio i difetti, che sono enormi. Ma è già abbastanza mostruoso, senza bisogno di inventargli delle colpe che non ha. Tornando all'esempio iniziale, è falso: l'ambulanza o il pronto soccorso hanno il dovere di salvarti a ogni costo e non ti chiedono se sei «solvente». In caso di emergenza ti curano e basta, come in qualsiasi Paese europeo. Il conto arriva dopo, e rischia di farti ammalare di nuovo: di depressione...

Se non sei ferito o gravemente malato, allora sì, prima di curarti ti chiedono che assicurazione hai, oppure ti fanno tirare fuori una carta di credito come garanzia che pagherai. A meno che tu sia indigente. Nella maggior parte dei Paesi europei c'è un servizio sanitario nazionale che fornisce assistenza medica a tutti, a costi bassi o in certi casi addirittura gratis. La sanità americana, invece, è un sistema per lo più privato e molto costoso.

Ci sono delle eccezioni importanti che gli italiani ignorano. Se sei povero hai diritto all'assistenza pubblica. Si chiama Medicaid, ma chi la prova sa che è di qualità scadente. Se sei anziano, oltre i sessantacinque anni, c'è una specie di sanità statale che chiamano Medicare. Non tutti vi hanno diritto, però: bisogna avere lavorato e versato contributi, oppure essere coniugati con un avente diritto. Inoltre ci sono cure e medicinali che Medicare non offre ai malati anziani, quindi molti finiscono per pagarsi di tasca propria delle assicurazioni complementari, private. Fanno cioè come la maggioranza della popolazione, che per curarsi dipende da ospedali privati e compagnie assicurative. Infine ci sono moltissimi americani che hanno una polizza pagata dal datore di lavoro, e questa di solito funziona bene. A loro sembra gratuita o quasi, però non è vero: l'azienda gliela detrae implicitamente dallo stipendio. Il costo c'è, anche se non si vede. Non è diverso in Europa: laddove esiste un sistema sanitario nazionale, la «gratuità» è fasulla perché lo si paga con le tasse.

Poiché vivo negli Stati Uniti dal 2000, e non sono dipendente di un'azienda Usa, come tanti americani nelle mie stesse condizioni, io devo farmi i conti in tasca, e ogni anno mi tocca decidere quale tipo di cure mediche sono alla portata del mio reddito. Entro dicembre bisogna rinnovare la polizza assicurativa, che di solito scade dopo dodici mesi. Devo pagarla di tasca mia, è molto costosa e dà un'assistenza avara, se giudicata con criteri europei. Quando vado dal medico in genere pago anche un ticket. I rimborsi dei medicinali sono imprevedibili. Il pronto soccorso? Non sai mai se e quanto costerà. Una volta mia moglie ha avuto un malessere influenzale durante un week-end e non potendo andare dal medico è finita alla Emergency Room, la E.R. delle serie televisive. Per mal di testa e qualche linea di febbre le hanno fatto analisi del sangue e delle urine. Non hanno trovato niente di anomalo. Qualche settimana dopo, a casa è arrivata una fattura da 1700 dollari, che l'assicurazione non rimborsava. Perché? Perché era «all'estero». Sì, a quei tempi Stefania era ancora residente in California e aveva avuto la sfortuna di ammalarsi a New York. La maggior parte delle assicurazioni ti coprono solo nello Stato dove le compri. Stati «Uniti»? Per modo di dire.

Do qualche numero per essere concreto. Mia moglie e io – «da giovani» – per un'assicurazione congiunta abbiamo pagato 1439 dollari ogni mese, nell'anno 2018. Un anno dopo, nel 2019, la stessa polizza ci è costata 1730 dollari al mese, un aumento di 291 dollari mensili, cioè un rincaro che superava il 20 per cento (in un anno in cui l'inflazione media era del 2 per cento). Non parlo di un'assicurazione volontaria, o complementare, di quelle che i benestanti europei comprano per avere accesso a un sovrappiù di servizi. No, è il costo dell'assicurazione di base, se non compri una polizza di quel tipo sei alla mercé degli eventi. Perfino slogarti una caviglia e finire in un pronto soccorso può diventare un salasso finanziario; meglio non pensare a malattie gravi.

Da poco Stefania e io abbiamo compiuto i sessantacinque anni, fatidica età per l'accesso all'assistenza pubblica, Medicare. Ma pubblico non significa gratuito. C'è una tassa, che varia a seconda del reddito. Nel nostro caso, paghiamo 615 dollari al mese, a testa, per l'accesso alla sanità di Stato. Inoltre dobbiamo comprarci una polizza complementare perché certi specialisti e alcuni medicinali non vengono rimborsati dal Medicare «di base». Sono altri trecento a testa al mese. Finora siamo stati fortunati, nel senso che non abbiamo avuto malattie gravi per mettere alla prova il Medicare in una vera emergenza. Per la routine funziona bene. Però il conto è salato perfino per questa sanità «socialista».

Tutto ciò non dipende da un presidente né da un partito politico, la sanità americana ha queste regole dagli anni Sessanta, l'hanno costruita insieme democratici e repubblicani. La riforma di Obama nel 2010 ha migliorato una cosa importante: ha vietato all'assicurazione di cacciarmi perché non abbastanza giovane o non abbastanza sano. «Obamacare» (il sistema sanitario nato da quella riforma), che è tuttora in vigore, ha messo fuori legge una pratica prima generalizzata, per cui le compagnie si arrogavano il diritto di assicurarti solo se avevano la quasi certezza che non ti saresti ammalato. Ha anche dato dei sussidi ai meno abbienti per aiutarli a pagarsi l'assicurazione. Che resta sempre privata, però, e mossa dallo scopo di fare un profitto su chi si ammala.

Ci sono delle categorie di americani che in questo sistema si trovano bene. Non sono per forza ricchi. Chi lavora per grandi aziende ha un'assicurazione incorporata nel trattamento salariale e queste polizze sono ottime. Ti pagano i medici migliori del mondo, gli ospedali migliori del mondo, con poche liste d'attesa rispetto alla media europea. Vale per gli informatici che lavorano da Apple, Alphabet, Microsoft, Meta. Ma vale anche per gli operai metalmeccanici di Ford o General Motors. Le tute blu, quando lavorano in un settore sindacalizzato, hanno nel contratto collettivo una polizza sanitaria fantastica. Per certi aspetti il loro trattamento «di lusso» è migliore della sanità pubblica in Europa. Altra eccezione di massa: il pubblico impiego, inclusi gli insegnanti, anche loro hanno polizze collettive negoziate dai sindacati. Questa realtà viene ignorata nelle caricature europee. È questa vasta zona della società americana ben tutelata una spiegazione per le enormi resistenze incontrate da vari tentativi di riforma. A opporsi al cambiamento non c'è solo il capitalismo sanitario (industria farmaceutica, compagnie assicurative, ospedali privati, classe medica) che specula sulla salute, ci sono molte decine di milioni di lavoratori dipendenti che si trovano bene nel sistema americano e guardano con sospetto chi vuole cambiarlo.

C'è però una prova lampante, e drammatica, che questa sanità non funziona: continua ad accorciarsi la longevità, la speranza di vita media. È una drammatica inversione di tendenza, perché dall'inizio del Novecento il progresso medico, il miglioramento dell'igiene, le vaccinazioni di massa avevano generato quel fenomeno benefico che è l'allungamento della vita umana. Era così anche negli Stati Uniti, salvo che da qualche anno si sta tornando indietro. Tra le cause principali: l'aumento dei suicidi e le morti per overdose da droghe e medicinali troppo potenti che danno dipendenza. Sotto accusa c'è la carenza di investimenti nella prevenzione, e nelle cure per le malattie mentali.

L'accorciarsi della durata di vita media non accadeva dal periodo 1915-1918, segnato da una tragedia ben più immane: le carneficine della Prima guerra mondiale più l'epidemia d'influenza («la spagnola») decimarono le popolazioni nel mondo intero. Dopo di allora l'umanità aveva cominciato un lungo progresso, in particolare nei Paesi più ricchi. Dal 2014 l'America fa eccezione e si muove nella direzione opposta. La longevità media si è ridotta a 78,6 anni e questo confina gli Stati Uniti al ventinovesimo posto nella classifica mondiale. In testa ci sono il Giappone con 84,1 e la Svizzera con 83,7 anni di vita media.

L'escalation dei decessi per overdose è una delle piaghe che distinguono gli Stati Uniti: 70.000 morti nel 2017, un record storico. Le morti per overdose superano le vittime degli incidenti stradali o delle armi da fuoco. Buona parte del problema si concentra in una categoria nuova di drogati, diversa dalle vittime dell'eroina in passato. Stavolta molti sono maschi adulti di mezza età, spesso legati alle attività economiche in declino. Gli analgesici a base di oppiacei o oppioidi magari vengono prescritti dai medici per alleviare traumi e dolori da incidenti sul lavoro e altre disabilità, poi creano dipendenza e diventano un consumo cronico. Alimentazione malsana, epidemie di diabete da obesità aggravano i problemi e ne accentuano anche il segno sociale: il peggior degrado nella mortalità colpisce minoranze etniche e ceti più poveri. L'epidemia di tossicodipendenze da metanfetamine, Oxycontin, Fentanyl e altri oppiacei sintetici (spesso made in China) ha fatto strage in particolare nella classe operaia bianca.

L'accorciamento della speranza di vita conferma il fallimento di un modello economico: gli Stati Uniti dedicano alla spesa medica una percentuale del reddito nazionale molto superiore agli altri Paesi industrializzati, e con risultati nettamente peggiori.

Le contraddizioni di una sanità privata

La sala d'attesa sembra quella di una vecchia stazione ferroviaria: brutta, sporca, buia. Un divano polveroso, qualche poltroncina piena di strappi. Sedie aggiunte alla rinfusa, anche nel corridoio, per accomodare i troppi pazienti.

Sono in fila per una visita dal mio nuovo oculista a New York. È il primo appuntamento che prendo per un controllo alla vista. Ben due segretarie smistano le pratiche, mi fanno riempire con la biro una sfilza di formulari con informazioni anagrafiche, e questionari sulla mia salute. Dopo una mezz'ora di attesa vengo chiamato: manca l'autorizzazione del mio medico generico, senza la quale l'oculista non mi può visitare. Garantisco di aver parlato molto tempo prima con il medico generico, che mi aveva promesso di fare il necessario. Le segretarie dell'oculista fanno lunghe ricerche infruttuose. Pare che l'autorizzazione debba arrivare per fax, su carta, altrimenti non è valida. Alla fine una si mette al telefono con la mia assicurazione. Passa altro tempo e poi il verdetto: sì, effettivamente l'autorizzazione c'era, agli uffici dell'assicurazione risulta. Mi rimetto, con il cuore in pace, nella sala d'aspetto. Osservo un flusso continuo di pazienti, alcuni dei quali con problemi simili ai miei: anche loro confabulano con le segretarie, alle prese con montagne di scartoffie. Quando scocca un'ora e mezza di ritardo rispetto all'appuntamento che mi era stato fissato, e l'oculista ancora non si degna di ricevermi, annuncio alle segretarie che non mi vedranno mai più e me ne vado sbattendo la porta. Con la coda dell'occhio osservo i loro sguardi increduli che mi seguono. Sembrano stupefatte dalla mia «impazienza».

Questa piccola scena di vita quotidiana newyorchese non mi è accaduta in una Emergency Room, in un reparto di pronto soccorso di un ospedale pubblico. L'ho vissuta nello studio di un medico privato, in un bel quartiere di Manhattan: a due passi da Columbus Circle nell'Upper West. La visita non è gratis e neanche a buon mercato. Una quota prevalente dell'onorario medico viene pagata dalla mia assicurazione, sempre privata, che mi costa oltre mille dollari al mese. Poi c'è un ticket a mio carico, il cosiddetto co-payment. È tutto rigorosamente privato. Ciononostante è inefficiente, scadente, trasandato. A spingermi verso l'uscita non è stata solo l'attesa di novanta minuti. Mentre aspettavo mi guardavo attorno ed ero sconcertato dalle apparecchiature del medico. Le macchine per fare l'esame del campo visivo mi sembravano ferrivecchi da anni Settanta.

Nel dibattito eterno che divide l'America su pregi e difetti di questa sanità, i difensori del privato descrivono quella canadese o inglese o francese come una sanità «socialista», di mediocre qualità, dove il paziente deve accettare quel che passa il convento, cioè il governo.

Dove per essere curati bisogna sopportare lunghe file d'attesa, alla mercé di burocrati di Stato. L'inefficienza non esiste solo nello Stato: nella sanità americana vedo all'opera una mastodontica burocrazia privata.

Cito un'altra prova. Ho sperimentato sulla mia pelle anche questo: nessun medico, nessun ospedale ha un archivio informatico davvero moderno. Ogni volta che ho dovuto cambiare specialista, per esempio perché mi trasferivo da San Francisco a New York, era impossibile ottenere un rapido passaggio dei dati da un medico all'altro. Ogni volta l'oculista nuovo mi ha costretto a ricominciare daccapo tutti gli esami più banali che avevo già fatto con un suo collega, magari pochi mesi prima. Ciascuno agiva nella totale ignoranza di tutti i precedenti. È una piaga nazionale e lo disse lo stesso Obama: tra gli obiettivi della sua riforma c'era pure «l'informatizzazione della sanità». Informatizzazione? Adesso? Siamo nel XXI secolo in America, e c'è bisogno che intervenga un presidente per spingere gli ospedali a modernizzare i loro archivi imparando a usare i computer?

Tanti americani – e non solo i fanatici di destra – sono convinti che la loro sanità sia la migliore del mondo. E che i progetti di statalizzazione la declasserebbero a un sistema socialista, dove le cure sono razionate, e la gente soffre in silenzio le angherie dello Stato. In quanto all'incapacità di mettere in comune i dati del paziente fra diversi ospedali e diversi medici, una spiegazione magica zittisce tutti: è la tutela della privacy, bellezza. La privacy è diventato l'alibi per legittimare nuovi strati di burocrazie. Qualcuno ci tiene davvero, fra noi, e in modo maniacale: ricordiamo tutte le obiezioni al tracciamento sanitario durante la pandemia. Poi magari lo stesso paziente che vigila sulla riservatezza è capace di confessare ogni segreto al proprio Apple Watch o a qualche altra app salutista sul cellulare.

«Che voto daresti alla tua esperienza?»

Per gareggiare in una delle mie tante maratone di New York, un anno decisi di prendere una precauzione: una visita di controllo da uno specialista, uno di quelli che ti fanno fare l'elettrocardiogramma sotto sforzo, cioè mentre corri su un tapis roulant da palestra. Era la prima volta che vedevo il dottor Kummelstein. Come di consueto, la sua segretaria mi ha fatto riempire un po' di formulari: notizie sulla mia salute, coordinate della mia polizza assicurativa, roba di routine. Poi la richiesta del mio indirizzo email. Normale anche quello: qui i medici ti mandano per email i risultati delle analisi, non ho nulla in contrario, anzi lo trovo piuttosto pratico. Quello che non mi aspettavo è l'email che ho ricevuto due giorni dopo la visita. Con la richiesta, da parte dello studio medico, di «dare un voto all'esperienza che ho vissuto». «Gentile paziente, grazie per avere preso questo appuntamento. In modo da consentirci di migliorare la qualità del servizio in futuro, la preghiamo di farci sapere com'è andata la visita. Che voto dareste al dottor Kummelstein, in una scala da zero a cinque stelle?»

Tanto tempo prima, quando ero giovane e ingenuo, una cosa del genere mi avrebbe mandato in visibilio. Sarei stato felice di tanta attenzione. Avrei considerato come una prova di dedizione al paziente quest'ansia di conoscere la mia impressione sulla visita. L'America aveva inventato la qualità del servizio, la sovranità del consumatore, «il cliente ha sempre ragione». Beato il mio candore di allora...

Dopo una vita negli Stati Uniti, ahimè, ho perso tante illusioni. La ragione per cui lo studio medico mi ha inviato quel questionario è una sola, cinica e gretta. Nel caso che il mio giudizio sia positivo – e solo in quel caso – le mie quattro o cinque stellette finiranno sui vari siti internet che raccolgono recensioni sui medici di New York. Ci sono tanti pazienti che consultano quei siti, prima di scegliere lo specialista per un appuntamento. Coccolare il paziente col servizio dopo-vendita? Pura operazione pubblicitaria. Non diversa da quella che fanno i ristoranti. Anche lì, le tecnologie sono al servizio della manipolazione del cliente. Ogni volta che prenoto un tavolo usando l'applicazione del mio iPhone che si chiama OpenTable – è un sistema comodo, non lo nego – l'indomani della mia cena con gli amici mi arriva puntuale la stessa domanda. Mi si chiede di «dare un voto alla mia esperienza». Voto che finirà in bella evidenza... se è una lode. Contribuirò a far crescere le quotazioni «sincere e democratiche» sulla guida gastronomica Zagat, o su TripAdvisor, o su Yelp.

Lo hanno capito da tempo certi scrittori americani, abili nello scriversi finte recensioni di «lettori entusiasti» da immettere su Amazon. Poi Amazon aveva a sua volta compreso la manipolazione; dopo tante proteste di lettori scaltri e indignati, aveva introdotto filtri e controlli per censurare le finte recensioni. Così adesso esiste un inganno ancora più raffinato, gli autori comprano «vere» recensioni, fatte da società indipendenti, che a pagamento coprono di elogi qualsiasi libro e finiscono con tante stellette su Amazon. Ogni telefonata che faccio alla mia banca, alla mia assicurazione, a una compagnia aerea comincia sempre allo stesso modo. Sottofondo musicale nell'attesa che mi risponda qualcuno del servizio clienti, o più spesso una voce robotica che mi presenta diverse opzioni e mi chiede di spingere tasti. Infine il fatidico avviso: «Questa telefonata sarà registrata, per controllare la soddisfazione della clientela». Centinaia di milioni di telefonate, miliardi di ore di conversazioni coi servizi di assistenza al cliente vengono registrate. Sempre in nome della mia sovranità, perbacco.

Mi si vorrebbe far credere che un esercito di ispettori del servizio marketing vada a spiarsi tutte quelle telefonate, per capire se sono stato trattato con la dovuta cortesia, se alle mie domande ho ricevuto risposte puntuali, efficaci, soddisfacenti. Un'impostura, evidentemente. Intanto la qualità del servizio peggiora inesorabilmente: compagnie aeree o telefoniche, quel che conta è interpretare la grande commedia della «qualità del servizio». Possiamo anche provarci, a prenderli sul serio. Possiamo dare voti pessimi a tutti, sempre, sistematicamente. Anche al dottor Kummelstein, ma certo, anche a lui posso infliggere una bocciatura feroce. E la sua segretaria continuerà a chiedere l'indirizzo email al prossimo paziente, per mandargli a dire: «Quante stellette ha deciso di darci, per cortesia?».

La capitale mondiale delle malattie

La lebbra? Ce l'abbiamo. La peste bubbonica? Va e viene, endemica. Il colera? La malaria? Non fanno neppure notizia. Siamo colpiti anche dalla terribile sindrome Creutzfeldt-Jakob, quella della mucca pazza. Dal tifo. Dal morbo del legionario. Ma le malattie più diffuse sono ancora più esotiche, hanno nomi che solo pochi specialisti possono decifrare: 909 casi di campilobatteriosi, 408 di amebiasi.

Se esiste un morbo raro che ha mai fatto l'apparizione su tutto il pianeta, di sicuro qualcuno se lo becca qui a Manhattan. Se è una piaga biblica che credevate debellata da molti decenni, prima o poi riappare come un baco nella Grande Mela. «È proprio così,» conferma il dottor Don Weiss, che dirige il Bureau of Communicable Diseases, una delle authority sanitarie che vigilano sulle epidemie «New York è la capitale del mondo anche per le malattie.» Abbiamo le Nazioni Unite non solo al Palazzo di Vetro. Anche la comunità mondiale di germi, bacilli, batteri e virus riunisce qui tutti i suoi rappresentanti. E i newyorchesi sopportano, proprio come fanno con il summit dell'Onu: una calamità ineluttabile che capita ogni anno, paralizza il traffico, alza ancora un po' il livello dello stress urbano, poi passa e amen.

Così la notizia che sono apparsi casi di lebbra si merita appena poche righe in cronaca, sui giornali locali. Evidentemente la gente pensa che non te la puoi beccare solo perché prendi la metropolitana. «E chi lo sa?» osserva Weiss. «In realtà sul contagio della lebbra abbiamo conoscenze limitate. Non è chiaro se avvenga attraverso il contatto con la pelle del malato o se possa essere trasmessa anche attraverso secrezioni respiratorie, come un raffreddore.» Di malaria si ammalano duecento newyorchesi all'anno, uno più uno meno, ma anche questa non fa notizia. Chissà perché, invece fanno notizia le sette-otto vittime annuali del West Nile virus.

L'attenzione dei newyorchesi è imprevedibile. Dopo l'11 settembre 2001 ci fu, ricorderete, la misteriosa serie di attentati all'antrace: sette casi anche a New York, con titoloni in prima pagina sui giornali e un inizio di psicosi. Al contrario, l'indifferenza fu totale nel 2006 quando il povero Vado Diomande, un artigiano specializzato nella manifattura di tamburi africani, fu contaminato dall'antrace: il cui bacillo può essere trasportato dalle pelli di bestie selvatiche.

La capacità di New York di attirare tutte le malattie del pianeta deriva dalla sua straordinaria apertura multietnica. Pensate un po': settecentomila nuovi immigrati sono affluiti in questa città in un decennio, da tutti gli angoli del mondo, compresi i più poveri e insalubri. La maggior parte delle malattie strane arriva qui da continenti lontani. «Gli abitanti di New York» dice

Weiss «hanno luoghi di nascita che coprono l'intero mappamondo. Questo attira a sua volta flussi costanti di visite di parenti, amici. E poi c'è il turismo. Una miscela ideale per farne il laboratorio di tutte le malattie esotiche.» Più qualcuna molto indigena: la rabbia di cui sono portatori i procioni selvatici (e qualche scoiattolo) che vivono a Central Park; la leptospirosi trasmessa dall'urina dei giganteschi ratti che scorrazzano lungo i binari del metrò, nelle cucine dei ristoranti, nelle cantine di casa mia.

Una volta all'anno, il Bureau of Communicable Diseases pubblica l'elenco di tutte le «malattie rare e contagiose» di cui ha individuato dei casi a New York. Dall'anaplasmosi alla sindrome di Kawasaki, dalla «febbre maculata delle Montagne Rocciose» alla tularemia. In un anno normale (cioè pre Covid) c'erano cinquanta tipologie. E grazie a questo record, New York non è solo il paradiso di tutti i virus, ma anche la Mecca degli ipocondriaci. Per i malati immaginari e altri soggetti che si autosuggestionano facilmente, quell'elenco è un invito insidioso. Nella dettagliata classifica dei sintomi, fornita sul sito dell'agenzia sanitaria, è impossibile non trovarne almeno uno che vi sembra maledettamente familiare.

Uno scenario da brividi

È l'ottobre 2009 – nel decimo mese dal suo insediamento alla Casa Bianca – quando Obama decreta l'emergenza sanitaria nazionale per l'influenza A. In quel mese colpisce già quarantasei Stati Usa, con milioni di pazienti contagiati, ventimila ricoverati, mille morti. E gli approvvigionamenti di vaccini stentano a tener dietro alla domanda.

In quell'epoca che ci appare ormai remota, il «New York Times» rivela un retroscena che fa rabbrividire. In molti Stati le autorità sanitarie si preparano all'eventualità più tragica: il razionamento forzoso delle cure. In vista di uno scenario estremo, simile all'epidemia dell'influenza spagnola nel 1918, bisogna avere pronti i criteri e le regole per una selezione crudele, la decisione su chi va salvato e chi sarà abbandonato al suo destino. Perché se il contagio oltrepassa una certa soglia, le strutture sanitarie esploderanno e i reparti di rianimazione dovranno per forza fare delle scelte. Le linee guida per questa terribile discriminazione vengono alla luce nell'ottobre 2009. Quattro categorie di pazienti saranno le prime a essere sacrificate: i «Do Not Resuscitate», come vengono chiamati coloro che hanno dato disposizione nel testamento biologico di volersi sottrarre a ogni accanimento terapeutico; gli anziani; i pazienti in dialisi; infine quelli con severe patologie neurologiche. In questi casi – se l'epidemia supera una soglia di guardia – le autorità sanitarie potranno «negare il ricovero nelle strutture ospedaliere, o negare l'uso dei respiratori artificiali». Lo Stato dello Utah, inoltre, ha stabilito una tabella di marcia precisa: questo tipo di razionamento e di rifiuto delle cure partirà anzitutto dagli ospizi per anziani non autosufficienti, dai penitenziari e dagli istituti per handicappati, fino a estendere gli stessi criteri selettivi alla totalità della popolazione.

È una terrificante logica darwiniana, di selezione dei più forti, o dei più adatti a sopravvivere. Ma è inevitabile, sostengono i responsabili delle task force antinfluenza, perché in uno «scenario 1918» sarebbe ipocrita fare finta di poter curare tutti. Lo Stato di New York ha codificato queste regole estreme, che sono accessibili al pubblico, e corredate da novanta pagine di commenti raccolti dal Department of Health. «Triage», ovvero smistamento, è la parola-chiave che affiora in mezzo a quel documento, la foglia di fico che nel gergo tecnico sta per razionamento.

Mary Buckley-Davis, una specialista di rianimazione con trent'anni di esperienza alle spalle, denuncia pubblicamente quelle regole. «Ci saranno sommosse per le vie di New York,» scrive Buckley-Davis sul finire del 2009 «non appena si viene a sapere che gli ospedali staccano la maschera respiratoria ad alcuni pazienti. Non c'è campagna di comunicazione che possa fare accettare alle famiglie la decisione di cessare le cure ai loro cari.» Le autorità statali si difendono spiegando che il peggio è lasciare queste scelte – inevitabili – all'improvvisazione del personale sanitario travolto da un'emergenza. Sarebbe ingiusto, oltre che inefficiente. «La prospettiva cambia,» spiega in quel periodo la dottoressa Ann Knebel del Department of Health «se anziché pensare al paziente individuale si guarda alla comunità degli ammalati.»

Knebel porta il titolo di ammiraglio, perché proviene dai servizi medici delle Forze armate. Non a caso. I piani di razionamento, infatti, sono stati studiati e sperimentati inizialmente proprio sul fronte di guerra, dove gli ufficiali medici possono essere costretti a scelte crudeli: chi curare per primo quando i mezzi scarseggiano. E le direttive che nel primo anno di Obama vengono rispolverate per l'influenza A hanno avuto il loro battesimo dopo l'11 settembre: per uno scenario di attacco terroristico con armi biologiche o nucleari, e una strage a Manhattan. Ho rievocato questi precedenti per ricordare un fatto non banale: c'erano state delle prove generali, prima del Covid.

L'impreparazione davanti alla pandemia

Resisto alla tentazione di infliggervi un lungo resoconto della «nostra» pandemia, cioè di come la sanità americana l'ha affrontata. Ci vorranno anni o forse decenni per farne un bilancio attendibile.

L'unica grande differenza c'è stata non fra l'America e l'Europa bensì fra Oriente e Occidente. Lascio da parte la Cina per i dubbi sui suoi dati ufficiali; e per le riserve sui metodi durissimi adottati sotto lo slogan «zero Covid». Guardo alle democrazie dell'Estremo Oriente. I numeri di mortalità del Giappone, di Taiwan, della Corea del Sud sono gli unici che hanno una differenza abissale rispetto a quelli occidentali. Sono microscopici rispetto ai nostri. Loro hanno stravinto il confronto, con un mix di restrizioni dall'alto (non troppe, salvo la chiusura delle frontiere) e di formidabile disciplina collettiva. In Occidente invece non ci sono dei vincitori chiari. I confronti fatti a caldo sono stati viziati ovunque dalla politica.

In America perfino più che altrove, c'è stata la tendenza ad attribuire successi parziali o disastri a questo o a quel governo o partito politico in carica. Finché c'era Donald Trump alla Casa Bianca, a sentire la maggioranza dei media (a lui ostili), la gestione della pandemia era catastrofica... salvo in quegli Stati Usa governati da bravi democratici come Andrew Cuomo a New York. Si è sorvolato sul fatto che le responsabilità della risposta sanitaria erano equamente ripartite tra governo federale e autorità locali, per cui era impossibile attribuire all'uno o alle altre buoni e cattivi episodi. Si è taciuto che i vaccini americani – i migliori, elaborati in tempi record – avevano avuto stimolo e finanziamenti originari da Trump. Il mito di Cuomo si è dissolto negli scandali, fino alle sue dimissioni. E più delle accuse di molestie sessuali, il governatore democratico di New York avrebbe dovuto pagare per le nefandezze commesse sotto la sua guida negli istituti di ricovero per anziani. Si è costruita la leggenda per cui la destra americana era no-vax, negazionista e antiscientifica, mentre la sinistra aveva seguito con rigore le direttive dei medici. Si è costruita un'altra leggenda attorno allo scienziato progressista Anthony Fauci, perdonandogli enormi errori fatti all'inizio. Joe Biden al suo arrivo è stato descritto come un portento, gli sono stati attribuiti veri e propri miracoli, una svolta meravigliosa rispetto al predecessore. Fino a quando la curva dei contagi lo ha messo in difficoltà. Tutto questo un giorno finirà nell'oblio.

Sui no-vax mi soffermo con un esempio personale: la signora che fa le pulizie a casa mia. Si chiama Nena, è peruviana, si è sempre rifiutata di vaccinarsi. Conosco una miriade di casi simili tra il personale domestico di parenti, amici e conoscenti; e tra i camerieri di ristoranti. È un piccolo, sporco segreto, che la stampa politically correct ha avvolto in un velo di menzogne. Quando si è scoperto che molti afroamericani e molti ispanici non erano vaccinati, è partita la prevedibile campagna: tutta colpa della sanità fatta su misura per i ricchi. Falso, perché la disponibilità di Pfizer e Moderna nei quartieri poveri di New York era abbondante, la distribuzione avveniva con la stessa efficienza.

La verità era un'altra: i pregiudizi antiscientifici attecchiscono tra le minoranze etniche, che hanno perfino i loro apostoli no-vax, per i neri per esempio il leader islamico e antirazzista Farrakhan. Una parte dei no-vax era trumpiana, senza dubbio; però un'altra parte era seguace dell'ultrasinistra come Robert Kennedy Junior, leader di fanatiche campagne contro Big Pharma. La signora Nena rientra nella terza categoria, assai vasta: quella dello scetticismo etnico, legato a sottoculture intrise di pregiudizi, superstizioni, diffidenze. Nena non si sognerebbe di votare Trump, ma ascolta le sirene antiscientifiche della sua comunità etnica di riferimento. La sanità americana in questo caso non c'entra. Semmai la sua débâcle è altrove.

Quella «prova generale» che Obama aveva fatto nel 2009 a cosa è servita? A niente. Nulla è stato imparato, la pianificazione è stata scarsa, e su questo le responsabilità sono ben distribuite fra lo Stato e i privati. Sempre in Estremo Oriente, hanno reagito ben diversamente dopo la Sars del 2003, un'altra pandemia nata in Cina e nascosta dalle autorità di Pechino. I vicini, come Corea, Taiwan e Giappone, hanno preso nota e pazientemente hanno costruito un sistema di allerta e di protezione antipandemia. Hanno tenuto alta la guardia per diciassette anni, ed erano pronti per il Covid. Noi non abbiamo imparato nulla. Forse saremo più bravi con la prossima. Purché la smettiamo di raccontarci favole ideologiche, dividendo i sistemi sanitari in buoni e cattivi a seconda del colore politico di chi governa.

Siamo quello che mangiamo

È una regola antica: uno dei modi per capire l'anima di una nazione è cominciare dal suo stomaco. Un altro detto cattura questa verità: siamo quello che mangiamo. Il rapporto tra gli americani e il cibo è una delle cose che colpiscono lo straniero. Una ragazza o un ragazzo italiano che vengono ospitati presso una famiglia americana potrebbero essere colpiti dal fatto che la cena a volte consiste in questo: a partire da una certa ora, i vari membri della famiglia si affacciano in cucina, ognuno per conto suo, aprono il frigo, prendono quello che hanno voglia di consumare e poi ciascuno mangia da solo davanti a uno schermo tv o un computer o un tablet o una consolle di videogame. Spesso manca quella dimensione «sociale» del mangiare che è invece tipica di altri popoli e altre civiltà. In compenso loro hanno dei momenti di convivialità molto tipici come il barbecue in giardino nel week-end. Possiamo essere sorpresi anche perché tanto spesso i loro pasti vengono ordinati al telefono o su internet, vengono da fuori, arrivano col fattorino in bicicletta che li consegna sull'uscio di casa. Tutte queste differenze tra loro e noi erano ancora più nette in passato: la pandemia ha costretto la vecchia Europa a una «americanizzazione» accelerata, per esempio nelle ordinazioni online e consegne a domicilio. Un tempo la «cena in famiglia» degli italiani era un rito sacro. Oggi tutti copiamo l'America... e per fortuna l'America copia noi nella gastronomia. Anche nelle abitudini alimentari ci contaminiamo a vicenda.

Tra le differenze che rimangono, la più importante forse riguarda le quantità. Le si nota appena si entra in un supermercato americano – che normalmente è un ipermercato, molto più grosso dei nostri. Se in Italia sugli scaffali dei latticini freschi trovate un litro di latte, in America trovate un gallone, che equivale a circa quattro litri. La confezione media è il quadruplo della nostra, quindi. Questa differenza nelle dimensioni la ritrovate per molti altri prodotti, dai succhi di frutta al taglio delle bistecche nel reparto macelleria. Dopo un po' ci si abitua, ma è tutto extralarge in un supermercato americano, anche la dimensione del carrello della spesa, proprio perché deve contenere più roba e confezioni smisurate rispetto alle nostre. Perfino un pomodoro fresco, una zucca, un pompelmo spesso sono più grossi.

Una visita al supermercato serve a ricordarci che l'America è anche un Paese agricolo, è tra i primi esportatori al mondo di grano e mais, riso e soia, frutta e verdura. Nel reparto dell'ortofrutta le arance o i carciofi, le fragole o i meloni vengono dalla California o dalla Florida, le mele vengono dallo Stato di Washington, la carne da allevamenti bovini del Texas o del Montana. L'agricoltura americana è molto ricca e produttiva anche perché è stata la prima a organizzarsi su scala industriale. Quando si prende un aereo per andare da una costa all'altra, sorvolando il Midwest se non ci sono nuvole si possono vedere dall'alto sterminate pianure coltivate a cereali. Le dimensioni di quei campi sono gigantesche, a occuparsene c'è poca manodopera umana e tanti macchinari.

È in America che nacque l'espressione «agrobusiness» per indicare appunto un'agricoltura organizzata come l'industria. Questo ha consentito di produrre grandi quantità di cibo a basso costo, spesso però a scapito della qualità, della genuinità, del sapore. La frutta californiana che io compro al supermercato Whole Foods di Columbus Circle a Manhattan, ancorché «biologica», non sa di niente. L'assenza di sapore forse è dovuta alle lunghe catene logistiche e di trasporto, che costringono a coglierla ancora acerba? Il consumatore americano deve avere smarrito molto tempo fa la cognizione del vero sapore – e profumo – di frutta e verdura. Il rapporto con le origini naturali del cibo si perde. Dall'agrobusiness al junk food il passo è breve. E infatti l'America è anche il Paese che inventò le catene della ristorazione di massa, come McDonald's, dove si mangiano grossi hamburger che costano poco ma non fanno bene alla salute.

Il rapporto tra cibo e salute è importante e su questo tema l'America non è un modello positivo, anzi. Anche in questo caso, il primo impatto del visitatore straniero è istruttivo. Sbarcando in un aeroporto americano, al controllo dei passaporti, accade spesso che il poliziotto o la poliziotta siano grassi, perfino obesi. In altre parti del mondo le forze dell'ordine sono in buona condizione fisica, negli Stati Uniti questo non è scontato, talmente l'obesità è diffusa nella popolazione.

Nel 1979 questo fenomeno aveva già colpito il presidente cinese Deng Xiaoping alla sua prima visita in America. Lui volle vederne l'aspetto positivo, disse di sentirsi un po' invidioso di «un Paese dove i poveri sono grassi». I cinesi erano magrissimi, a quell'epoca si stavano a malapena affrancando da una fame atavica. È vero che l'obesità è più diffusa tra i ceti sociali meno benestanti. Ed è vero che dal punto di vista di un Paese del Terzo mondo – com'era la Cina del 1979 – quei poveri americani stavano comunque meglio, visto che avevano tanto da mangiare.

S'ingrassa mangiando troppo e soprattutto mangiando male. In certi quartieri degradati delle grandi città americane, o in certe cittadine sperdute nella provincia profonda più colpita da fenomeni di impoverimento, è impossibile trovare un fruttivendolo con prodotti freschi; frutta e verdura fresca sono un lusso per ricchi; gli unici cibi in vendita e a buon mercato sono hamburger surgelati, confezioni di patatine e altri snack pieni di grassi; più le immancabili bevande gassate e zuccheratissime. Chi mangia così spende poco e ingrassa facilmente. Poi si trova esposto a malattie di massa come il diabete, che a sua volta può avere complicazioni cardiache.

Un'abitudine che colpisce ogni straniero è questa: gli americani mangiano sempre e ovunque. Sono stati i primi a introdurre i pop-corn al cinema, un consumo copiato nel resto del mondo; tuttora, però, la quantità di cibo e bevande che si consuma nelle sale cinematografiche americane non ha eguali. Andare al cinema in America è l'occasione di avere un contatto diretto con la piaga dell'obesità, osservarne le cause da vicino. Nelle multisale le poltrone sono larghe il doppio, dimensionate per contenere tutta la ciccia possibile. A destra e a sinistra del sedile hanno installato bracciali spaziosi con contenitore apposito per un bicchierone di bibita e un bicchierone di pop-corn. In quelle sale il primo impatto è con l'odore di fritto. Gli spettatori sono macchine divoranti ogni sorta di junk food, cibo spazzatura. L'audio è più forte che in una sala europea, perché deve coprire il rumore delle mandibole che masticano.

Ma il cinema è un esempio che appartiene al passato: le sale di proiezione hanno ricevuto una botta tremenda dalla pandemia; faticano a ritrovare un pubblico di massa. Col risultato che la fruizione dello spettacolo si è trasferita verso le serie tv, e a beneficio del consumo casalingo: il video streaming di Netflix, Amazon. Il risultato è che lo spettatore mangia ancora più di prima, visto che può attingere direttamente al frigo di casa mentre guarda una serie tv. È sintomatico che lo stesso termine «binge» (abbuffata) lo usiamo per il *binge-watching* di chi guarda molte puntate di una serie una dietro l'altra, e di chi s'ingozza di cibo con un'avidità che rasenta la bulimia.

Gli americani mangiano camminando per strada, sull'autobus, in treno, sul metrò, malgrado sia vietato. Salgono in aereo con le provviste di hamburger. Ci sono studenti che portano il junk food nelle aule universitarie, dove i professori devono lottare per impedire che mangino durante le lezioni (di solito è una battaglia persa). Anche qui la pandemia ha accelerato un degrado: durante le lezioni a distanza, allo studente bastava cancellare il video di se stesso per poter mangiare a volontà senza neppure essere visto. Le automobili americane sono state le prime a prevedere il «buco del bibitone», dove mettere quei grossi bicchieri di carta o plastica con dei caffellatte giganteschi. Quando salite su un taxi, a volte ci trovate i resti del pasto di un passeggero che vi ha preceduti.

«L'unico Paese dove i poveri sono grassi» oggi non suscita più invidia. Nel frattempo, però, anche in questo il resto del mondo si è un po' omologato, si è un po' avvicinato all'America imitandone le abitudini peggiori. Le catene di fast food americane hanno invaso il pianeta. Con lo stile di vita moderno, anche da noi si usa più spesso comprare cibi trattati con metodi industriali; oppure ordinare pasti preparati fuori nella ristorazione di massa. Perfino in Cina ha fatto l'apparizione l'obesità; mai però così diffusa come negli Stati Uniti.

L'America ha sempre questa capacità d'influenzare tutti gli altri, anche se a sua volta è una nazione molto aperta alle influenze esterne. Un tempo questa era una caratteristica originale che faceva parte del suo fascino. Quando io ero ragazzo, visitare l'America offriva un'esperienza culinaria spaesante, ci trovavi ristoranti di tutte le cucine esotiche, un panorama delle abitudini alimentari del pianeta, dalla gastronomia cinese a quella giapponese, dall'indiana alla thailandese, dalla messicana alla russa. Questo perché l'America era diventata multietnica molto prima e molto più di noi. Per avere una diversità alimentare paragonabile in Europa dovevamo visitare Londra o Parigi, non a caso due capitali di ex imperi coloniali. Oggi, con l'aumento dell'immigrazione, anche l'Italia ha più cucine etniche di una volta, quindi la distanza con gli Stati Uniti si è accorciata. Però alcune differenze etniche rimangono. Solo l'America, avendo ricevuto un'immigrazione più antica, ha «americanizzato» la gastronomia delle sue minoranze. Esiste una cucina italoamericana, che assomiglia a quella italiana ma si è modificata adottando ingredienti e costumi locali. Per esempio, in un ristorante italoamericano trovate come piatto tipico gli «spaghetti with meatballs» dove il sugo al pomodoro è un lontano discendente di certi ragù di carne con polpettine, ma queste sono diventate talmente grosse che sembrano degli hamburger. In certe zone del Sud, a New Orleans in Louisiana, per esempio, c'è una cucina creola che da secoli ha fuso influenze africane, spagnole, caraibiche. Il sushi dei nippoamericani non è quello che trovate in Giappone.

Altre diversità continuano a essere sostanziali. Resta di gran lunga più diffusa in America l'abitudine di farsi consegnare a casa un cibo preparato altrove: qui lo chiamano «takeaway» o «delivery food». Nella provincia dove molte famiglie hanno la villetta col giardino – senza per questo essere ricche – il rito del barbecue all'aperto rimane quasi una prova che si è *veramente* americani, o lo si vuole sembrare. Anche se magari la famiglia di messicani sul barbecue aggiunge delle salse e degli aromi molto diversi. TexMex, la cucina che «fonde» Texas e Messico, ci ricorda quanta parte degli Stati Uniti nel Sud sia impregnata della sua storia ispanica.

Altro costume tipico – che il resto del mondo ha appena cominciato a copiare – è quello di farsi incartare gli avanzi dopo una cena al ristorante. Alla base c'è un principio pragmatico: quel cibo l'ho pagato quindi è mio, se non l'ho finito me lo porto a casa. I ristoranti americani furono i primi ad attrezzarsi e nessuno si stupisce quando il cliente fa questa richiesta. Un tempo per pudore lo si definiva «doggy bag», cioè il sacchetto per il cane. Poi quell'espressione è stata considerata un po' offensiva visto che la maggior parte delle volte quegli avanzi li mangiamo noi umani. Oggi infatti si usa un'espressione diversa per designare quel cibo: «to go», che significare «da andare», cioè da portar via. I turisti americani l'hanno esportata in Europa, dove non stupisce più nessuno.

Come ho già detto all'inizio, un'usanza che trova impreparati molti visitatori stranieri è la mancia al ristorante. Nel resto del mondo è facoltativa e di ammontare variabile ma spesso modesto, in America è quasi obbligatoria e anche molto alta. Quando arriva il conto, bisognerebbe lasciare come minimo il 15 per cento in più. Puoi anche non farlo, ma in questo caso il tuo viene interpretato come un gesto di protesta, significa che sei decisamente scontento della qualità del servizio. La verità è questa: lo stipendio base del cameriere è basso, lui o lei ha bisogno della mancia, è una fonte sostanziale di reddito. È sorprendente in un Paese così ricco: gli americani sono abituati al fatto che una parte della popolazione dipende dalle mance.

Un'altra diversità americana, almeno in passato, era l'ossessione per la sicurezza alimentare. Negli Stati Uniti nacque un movimento che fu chiamato «consumerismo», all'inizio degli anni Sessanta. Il suo obiettivo era difendere i diritti dei consumatori, la loro sicurezza e la loro salute. Conquistò delle riforme storiche, sui controlli delle autorità sanitarie nel campo alimentare, l'obbligo di etichette dettagliate sugli ingredienti dei cibi trattati in modo industriale. I consumatori americani vinsero delle cause importanti, ottennero indennità enormi, e da allora l'industria è attenta ad avvisarli di tutti i pericoli, per paura di essere trascinata in tribunale. In certi bar sul bicchiere di carta dove ti servono il caffè caldo c'è un avviso: attenzione, questa bevanda ti può scottare. Sembra che ti prendano per scemo. In realtà hanno paura che se tu ti bruci, poi gli fai causa chiedendo chissà quale compenso. Lo stesso vale con le avvertenze sui rischi di reazione allergica.

In seguito quelle regole sono state adottate anche altrove. Oggi l'Europa è perfino più avanti degli Stati Uniti in quanto a protezione del consumatore. Però in America sono rimaste delle attenzioni particolari, qualche volte perfino stravaganti. Ne ho una testimonianza diretta a proposito di un prodotto italiano: il divieto di portare i Baci Perugina a scuola. La scuola di New York dove lavorava mia moglie ha diramato ai prof un lungo elenco di prodotti «pericolosi», che devono stare alla larga dal perimetro dell'istituto. I Baci Perugina sono fra quelli. Contengono nocciole, e chi ha un'allergia o comunque un'intolleranza alimentare a noci, nocciole, castagne, arachidi o altra frutta a guscio, potrebbe essere addirittura in pericolo di vita. È vietato dunque portarli anche come regalo ai colleghi, o come merenda personale. Gli avvertimenti non si fermano qui: il personale della mensa scolastica riceve un'istruzione severa su come evitare che ci siano anche solo delle tracce infinitesimali di quegli alimenti che provocano reazioni gravi nei portatori di allergie.

Le allergie sono sempre esistite, ma in America sembra essere esplosa una sensibilità particolare, quasi un'ossessione. Il divieto dei Baci Perugina è un dettaglio tipico di un'epoca in cui si stanno costruendo alti muri protettivi attorno a noi, forse esagerando i pericoli. Se hai degli amici americani e quelli ti invitano a cena, è probabile che insieme all'invito arrivi questa domanda: hai allergie, restrizioni, intolleranze alimentari, diete speciali? Sembra che una percentuale crescente di americani sia affetta da celiachia o allergie ai frutti di mare e tante altre cose, o possa avere crisi gravi se ingerisce un certo tipo di alimenti; più quelli che per una loro scelta salutista diventano vegetariani o vegani; o che per motivi religiosi mangiano solo cibo kosher (ebrei praticanti), halal (musulmani praticanti).

Chi organizza una cena a casa propria deve essere pronto a scartare un gran numero di piatti, o a cucinare tre o quattro alternative diverse. È uno dei paradossi americani: c'è una parte della popolazione (povera) che mangia ogni sorta di porcherie e ne risente effetti gravi sulla salute; un'altra parte (ricca) al contrario si cura in modo quasi ossessivo della propria salute, non solo con esercizi fisici ma anche con diete rigorose. Del resto gli americani hanno lanciato per primi la moda dei talent show televisivi per selezionare nuovi chef, con grandi cuochi che giudicano i candidati. *MasterChef* e altri programmi di quel genere – poi approdati in tutte le tv del mondo – sono il frutto di una riscoperta dell'importanza del cibo, e della sua qualità: un fenomeno in contraddizione con la pessima alimentazione della maggioranza.

Un altro curioso scherzo del destino è che tra i più salutisti degli americani, molti hanno abbracciato con entusiasmo la dieta mediterranea; cioè in sostanza la buona cucina italiana. In California e a New York, gli Stati più ricchi e dove molti stanno attenti alla qualità del cibo, c'è chi spende una fortuna per mangiare proprio come voi. Ma la cucina mediterranea, la nostra, non esisterebbe senza gli ingredienti dell'agricoltura americana. Prima di Cristoforo Colombo in Italia non esistevano il pomodoro, la patata, il mais, la zucca, tutti coltivati in origine nelle Americhe. Caffè, zucchero e cioccolato furono anch'essi importati da terre esotiche. Il made in Italy è, storicamente, made in America...

La salute è un problema da ricchi

«Non diamo più Coca-Cola ai poveri» suona come la versione moderna dello scherno della regina Maria Antonietta di Francia verso i sudditi affamati alla vigilia della Rivoluzione. È in questi termini che un decennio fa i colossi dei soft drink Pepsi e Coca vogliono demonizzare Michael Bloomberg: il miliardario che con le crociate salutiste infierisce sulla popolazione più debole. Perché l'ultima battaglia che Bloomberg fa da sindaco di New York – una carica che ha occupato dal 2002 al 2013 – prende di mira le bevande gassate e zuccheratissime che contribuiscono all'obesità, e rientrano tra le abitudini alimentari dei poveri. Il filantropo Bloomberg vuole che le bibite ipercaloriche siano escluse dai «*food-stamps*»: i buoni pasto erogati dallo Stato alle famiglie sotto la soglia della povertà.

Il programma dei sussidi alimentari (Supplemental Nutrition Assistance Program, o Snap) aiuta un americano su sette a fare la spesa. 44 milioni di persone negli Stati Uniti alla cassa del supermercato non tirano fuori contanti o carta di credito, bensì i buoni pasto federali che l'esercente è tenuto a onorare. Un programma benefico, indispensabile. Il guaio sta nel come vengono spesi quei coupon. Uno studio del Dipartimento di sanità di New York rivela che sui 135 milioni di dollari in buoni pasto distribuiti annualmente solo in questa città, ben 75 milioni se ne vanno non per acquistare bistecche o frutta e verdura ma soft drink. Dal contenuto nutritivo pari a zero, in compenso bombe di calorie. Il consumo smodato di queste bibite, rivela lo stesso rapporto delle autorità sanitarie, «è la singola causa più importante dell'epidemia di obesità». Non si stenta a credergli, basta andare al cinema per essere circondati di spettatori con bicchieroni extralarge che succhiano litri di quella roba.

«Ma con che diritto Bloomberg interferisce sulla nostra libertà di riempirci la pancia con quel che vogliamo? È un sindaco o è una tata che ci bacchetta dalla mattina alla sera?» lo apostrofa il tabloid di destra «New York Post», di proprietà dell'altro multimiliardario che gli contende il palcoscenico in questa città, Rupert Murdoch. «Una volta che i politici mettono il naso nei nostri carrelli della spesa, decidendo cosa possiamo comprare, non si sa dove finiremo» denuncia Kevin Keane, dirigente dell'American Beverage Association, la Confindustria del settore che include Coca-Cola e PepsiCo. Sono passi verso uno Stato totalitario che ci priverà delle libertà fondamentali? La campagna della grande industria e della destra (di cui l'ex repubblicano Bloomberg è un transfuga) fa presa sui ceti più poveri. Ben diciotto membri del Congressional Black Caucus, parlamentari che appartengono alla comunità afroamericana, hanno scritto una lettera aperta per denunciare le misure «classiste» di Bloomberg. All'epoca della crociata contro le bibite ingrassanti c'è ancora Obama alla Casa Bianca. Il presidente e soprattutto la first lady Michelle hanno lanciato una campagna per «sradicare l'obesità infantile in una generazione», ma devono vedersela con un segmento importante dell'elettorato democratico che descrive queste misure come «una persecuzione dei più poveri».

I lobbisti dell'industria arrivano a immaginare scene strazianti: famigliole di neri colpite dalla disoccupazione, che alla cassa del supermercato devono subire l'umiliazione di essere «perquisite», con i bottiglioni di Coca e Pepsi sequestrati perché non pagabili con i buoni pubblici. Bloomberg è il campione di queste controversie, ha fatto di New York la città all'avanguardia nelle leggi salutiste. Cominciò nel 2008, imponendo alle catene di fast food (McDonald's, Burger King, Starbucks) di esibire il numero di calorie per ogni alimento. Bilancio: uno studio dell'università di Stanford ha rilevato un calo del 6 per cento nei consumi calorici. Poi è partita la battaglia contro l'eccesso di sodio (sale) negli alimenti, con tetti imposti per legge. Anche questa sacrosanta, secondo la dietologa Tammy Lakatos Shames: «Il sale è come una tossicodipendenza, più ne aggiungi più ne vuoi. E non fa male solo agli ipertesi ma a tutti, causa danni al cervello, al fegato, alle articolazioni». Infine il sindaco ha sfidato Big Tobacco. Ha imposto le tasse più alte di tutta l'America sulle sigarette, un pacchetto supera i quindici dollari. Ha vietato il fumo non solo nei locali pubblici ma anche in molte zone all'aperto: dai campus universitari ai parchi, dalle vicinanze degli ospedali ai campi sportivi. Lo elogiano gli scienziati dell'American Cancer Society e molte associazioni dei consumatori. Per i suoi nemici l'ottavo uomo più ricco d'America ha la «sindrome del pentito» (è un ex fumatore, ex divoratore di hot dog), è un Robin Hood alla rovescia, che con le «tasse sul vizio» punisce i consumi della popolazione più povera. La destra lo vede come un perfetto esemplare del Nanny State: lo Stato-tata, che ci tratta come dei bambini piccoli da educare e comandare, a colpi di divieti e rimbrotti. Ma una città come New York è refrattaria alle troppe regole anche nel popolo di sinistra. A Central Park si continua a fumare, soprattutto (ma non solo) marijuana. Dopo l'uscita di scena di Bloomberg, avremo altri esempi dell'anarchismo congenito dei newyorchesi: nonostante la sinistra al governo, la più grande città d'America non subirà una frazione dei divieti da lockdown inflitti all'Italia.

Mille di questi anni

«Loro» sono già fra noi, simili a noi, destinati a sostituirci per sempre, o quasi. A meno che noi stessi non siamo «loro», senza saperlo?

«Loro» non sono gli alieni dell'*Invasione degli ultracorpi*, il classico film di fantascienza del 1956. Sono i futuri millenari, che abiteranno questo pianeta per un tempo interminabile in confronto alla nostra breve vita. Il gerontologo Aubrey de Grey è convinto che siano davvero in mezzo a noi: «I primi esseri umani destinati a vivere fino alla soglia dei mille anni sono quasi certamente già nati». Non perché siano diversi alla nascita. È la scienza che sta facendo tali balzi in avanti, da rendere realistico un formidabile prolungamento della longevità umana. «Mettiamo pure che i mille anni per ora restino un obiettivo irrealistico,» dice la futurologa Sonia Arrison del Pacific Research Institute in California «ma un'età media di centocinquanta è raggiungibile in un futuro vicino. E per la maggior parte quegli anni li vivremo in buona salute, vitali e produttivi.»

In parte questa evoluzione è già in atto sotto i nostri occhi. Quasi sei milioni di americani hanno più di ottantacinque anni, diventeranno una ventina di milioni entro il 2050, passando dall'1,8 per cento al 4,34 per cento della popolazione. In quanto agli ultracentenari, erano appena duemilatrecento negli Stati Uniti di mezzo secolo fa, oggi ce ne sono già ottantamila, a metà del secolo saranno oltre seicentomila. Quindi entro pochi decenni la popolazione oltre i cento anni avrà le dimensioni della città di San Francisco. Ma queste sono tendenze estrapolate da quanto sta accadendo da decenni, non tengono conto di nuovi balzi in avanti. Per molti esperti il vero strappo deve ancora avvenire, grazie alle ricerche sul «gene della longevità». Un esempio lo fornisce il lavoro della scienziata biogenetica Cynthia Kenyon presso il policlinico della University of California a San Francisco. La Kenyon ha scoperto che basta disattivare un singolo gene, chiamato daf-2, per raddoppiare la durata di vita di un verme, il *Caenorhabditis elegans*. Alterando un altro gene, daf-16, la longevità del verme diventa sei volte superiore alla media. «Tradotto nella speranza di vita umana, questo equivarrebbe a farci arrivare all'età di cinquecento anni» commenta Sonia Arrison. Lei ha fatto il punto sulle tante ricerche convergenti verso l'aumento della speranza di vita nel suo saggio intitolato sinteticamente *100+*.

Arrison precisa che nessuno di questi risultati si può trasferire automaticamente sugli esseri umani. Però la direzione delle ricerche è promettente. Altrettanto lo è la rapidità con cui si raggiungono nuovi traguardi. Sorge un'obiezione immediata, a cui è importante dare risposta: siamo sicuri di voler sopravvivere così a lungo, se una vecchiaia interminabile dovesse trasformarsi in un calvario di malattie? La «quantità» della vita ci attrae, se è disgiunta dalla qualità? Non si può trascurare il fatto che l'aumento della popolazione di ultraottantacinquenni coincide in tutto l'Occidente con un parallelo incremento percentuale dei malati di Alzheimer. La voglia di vivere sempre più a lungo può diventare una forma di *hybris*, castigata con altre sofferenze? La nostra cultura è piena di ammonimenti in senso contrario. Dal mito di Faust rielaborato da Marlowe, Goethe e Thomas Mann, fino al *Ritratto di Dorian Gray* di Oscar Wilde, il desiderio di una longevità «innaturale», o di una vecchiaia giovanilistica e godereccia, viene considerato come un delirio di onnipotenza, un patto col diavolo, di cui prima o poi si pagano dei prezzi terribili. Anche qui, secondo Arrison, la scienza sta elaborando risposte rassicuranti. Non si tratta solo di vivere di più, ma anche meglio.

A questo fine uno dei percorsi di ricerca più interessanti punta alla riparazione o sostituzione di interi componenti del corpo umano, via via che si logorano o si guastano. Il fatto che dei singoli pezzi raggiungano la loro «data di scadenza», in sostanza, non deve più significare che la vita dell'essere umano ha lo stesso limite. Uno dei laboratori di avanguardia in questo campo è il Wake Forest Institute for Regenerative Medicine, a Winston-Salem nella North Carolina. Sotto la guida del professor Anthony Atala, questo istituto ha cominciato a creare delle vesciche artificiali, per sostituire l'organo in bambini che avevano un difetto congenito alla nascita. La struttura di base della vescica artificiale è costruita con materiale organico, su cui si innestano cellule staminali del paziente per impedire il rigetto. Partendo da quell'esperimento riuscito, oggi lo stesso istituto lavora alla produzione di trenta diverse tipologie di organi e tessuti, inclusi il fegato, il cuore e le ossa. La Wake Forest School of Medicine fa capo alla Chiesa protestante battista, a riprova che le convinzioni religiose non sono un ostacolo a sperimentare il prolungamento della longevità. Dopotutto Matusalemme è un personaggio della Bibbia: sarebbe vissuto fino all'età di novecentosessantanove anni, morì sette giorni prima del Diluvio universale.

Visto che la causa di mortalità prevalente nei Paesi ricchi restano le malattie di tipo cardiorespiratorio e vascolare, uno dei campi di ricerca cruciali è la fabbricazione in laboratorio del cuore umano. Il policlinico della University of Minnesota già nel 2008 riuscì a costruire il primo cuore di topo. Oggi lavora alla produzione di cuori di maiale, un animale più simile all'uomo per le dimensioni e i cui tessuti cardiaci sono già ampiamente usati come componenti per trapianti umani. Un altro istituto di medicina rigenerativa, quello dell'università di Pittsburgh in Pennsylvania, lavora sulle «matrici extracellulari» per fare ricrescere tessuti amputati o lesi: per esempio falangi di dita tagliate. L'idea è quella di trasformare il corpo umano in una sorta di cantiere permanente, con lavori di ristrutturazione e restauro prolungabili per molti decenni o addirittura secoli. Resta da capire se questo salverà anche i nostri tessuti cerebrali, e come. Oltre i cento va benissimo, purché non ci si arrivi sotto forma di androidi senza memoria, o con una storia «trapiantata» come i replicanti di *Blade Runner*.

Strano Paese? Convivono l'obesità di massa e l'ipersalutismo che punta all'immortalità. Una sanità piena di inefficienze e ingiustizie, ma anche di eccellenze fantastiche. Nella fuga dei cervelli italiani un flusso poderoso è fatto di medici, che in America trovano opportunità uniche al mondo. E non vengono per fare soldi, ma per ricerche salvavita, più facili qui che nell'Italia dello statalismo e delle baronie universitarie.

Conclusione. La «nostra» America

Quasi ogni giorno della mia vita americana qualcuno o qualcosa mi ricorda quanto è «nostra» l'America.

Lo è in tanti modi. Anzitutto perché qui l'impronta degli italiani è profonda, onnipresente, incancellabile. L'hanno costruita più generazioni, con fenomeni di diaspora ben diversi tra loro: dai migranti agli esuli agli espatriati. Poi l'America è «nostra» perché sta dalla nostra parte: i suoi soldati vennero a morire in Italia per liberarci dal nazifascismo, i partigiani italiani non avrebbero avuto chance contro la Wehrmacht di Hitler se non avessero ricevuto le armi dagli americani, e in seguito gli stessi soldati americani hanno difeso un'Europa libera quando su di essa incombeva l'impero sovietico. Ma possono avere lo stesso rapporto consanguineo con l'America anche generazioni di irlandesi, o discendenti di tedeschi o norvegesi, più tanti messicani, indiani, cinesi. E qui si entra in un vasto territorio d'incomprensioni e di malintesi sulla natura dell'America. Società multietnica, certo, su questa scala di grandezza l'America lo è più di ogni altra al mondo. Ma è anche, direi soprattutto, una «società etnica»: perché fra noi ci mescoliamo solo in parte, la nostra vita quotidiana nei suoi momenti più intimi si svolge spesso all'interno di comunità legate dalle origini simili. Questo ha delle conseguenze profonde sulla natura della democrazia americana, che gli europei non riescono quasi mai a capire. Anche qualche politico americano sembra un estraneo in patria, quando propone di costruire qui un Welfare scandinavo.

In una società così differenziata, con comunità e culture molto diverse, uno Stato troppo generoso di aiuti e servizi, troppo livellatore ecciterebbe le diffidenze e le gelosie: «Quelli là fanno più figli di noi. Quelli là non hanno la stessa etica del lavoro. Quelli là ricevono aiuti mentre noi paghiamo le tasse». La democrazia americana in genere ha funzionato perché non si è posta l'obiettivo di renderci «troppo» eguali. Ci sono state eccezioni, i traumi della Depressione negli anni Trenta consentirono a FDR un prolungato esperimento socialista: però le frontiere erano semichiuse all'immigrazione e i diritti del New Deal non si estesero ai Black. Il socialismo americano quando ci fu – da Roosevelt a Kennedy – si applicò a una nazione abbastanza generosa da includere italiani, irlandesi, polacchi (che nel frattempo si erano integrati, anzi assimilati, accettando in gran parte regole e valori della comunità anglo), ma non molto al di là. Oggi c'è chi vorrebbe tentare un nuovo trapianto socialista in un'epoca dove la diversità si è moltiplicata a dismisura, ma forse non ci riuscirebbe neppure nel Minnesota, dove pure pullulano i discendenti degli immigrati svedesi. Anche quelle leggi elettorali che agli europei – e a mezza America – sembrano ingiuste, si spiegano in questa chiave. L'America prima di essere una democrazia è una Repubblica, cioè uno Stato di diritto con una Costituzione che tutela le minoranze. Il fatto che ogni Stato Usa abbia diritto a mandare due senatori a Washington sembra ingiusto: al Senato federale la California con i suoi trentanove milioni di abitanti conta quanto il Rhode Island che ne ha un milione. È un'aritmetica assai poco democratica. Ma questo federalismo fin dalle origini voleva impedire la dittatura delle maggioranze, cioè che comandassero Stati grossi e prepotenti.

In una stagione politica in cui la sinistra radicale mette sotto processo i bianchi fin dalla scuola elementare, e vuole aprire le frontiere all'immigrazione senza limiti, un pezzo di elettorato bianco si aggrappa al federalismo ed è pronto anche a fare cose antidemocratiche, pur di non finire schiacciato.

Italiani in America

La «nostra» America la esplorai in profondità quando abitavo in California, e un pezzo di quella storia l'ho raccontata in un libro che nacque allora, *San Francisco-Milano* (Laterza, 2004).

Voglio ricordare qui alcune di quelle emozioni, quando mettendo radici sulla West Coast mi sentii a casa mia all'altro capo del mondo. Nel 1848 James Marshall scopre le prime pepite sulla Sierra Nevada, scatena una febbre dell'oro che in dodici mesi attira in California centomila cercatori dal mondo intero. La corsa all'oro finisce per trovarne poco di quel metallo prezioso. In compenso trasforma San Francisco in una città e arricchisce quelli che lì fabbricano picconi e badili, affittano carrozze o prostitute, vendono jeans e cibo ai cercatori.

È quello che accade a Domenico Ghirardelli di Rapallo. Il suo oro sarà il cacao. Nel 1852 l'emigrato ligure fonda la Ghirardelli Chocolate Company, la più celebre marca di cioccolatini americani e un monumento storico di San Francisco, oggi però di proprietà svizzera. Milioni di turisti ogni anno visitano la sua ex fabbrica trasformata in centro commerciale dietro la spiaggia di Fort Mason, dirimpetto all'isola di Alcatraz. La California l'hanno fatta in parte i nostri emigranti. Nel 1860 i primi promotori immobiliari battezzarono questo Stato «l'Italia d'America». Nel 1920 gli italiani erano il 12 per cento di tutta la popolazione di origine straniera. Dominavano il vino, la pesca, la raccolta della spazzatura, e le banche. Per primi, in avanscoperta tra il 1830 e il 1848, erano giunti i pionieri «rossi»: ex garibaldini, rifugiati politici, esuli delle rivoluzioni liberali e controrivoluzioni che agitano l'Europa in quel periodo. Radicali e anticlericali entrano in conflitto con i missionari di San Francisco. Poi la febbre dell'oro innesca la prima ondata di massa. Viene dall'Italia settentrionale, perché sono genovesi le compagnie specializzate nella navigazione verso la West Coast, mentre da Napoli partono i bastimenti per New York. In California arrivano liguri, piemontesi, toscani soprattutto dalla Lucchesia, seguiti più tardi da siciliani e calabresi.

Esaurita l'illusione dell'oro, i nostri si insediano nell'agricoltura. Marco Fontana diventa il re della frutta in scatola, del suo impero oggi rimane la Dal Monte. Nel 1881 piemontesi e svizzeri ticinesi creano le prime aziende vinicole: Andrea Sbarbaro, Joe Gallo. Sopravviveranno agli anni del proibizionismo specializzandosi nel vino per la messa, esentato dai divieti. Dopo la Seconda guerra mondiale metà di tutta la produzione di vino californiano è in mano a quattro cooperative familiari: Di Giorgio, Franzia, Petri, Gallo Winery. Gli archivi delle famiglie locali conservano storie di sfruttamento e battaglie sociali. Nel 1900 alla Southern Pacific Railway è di origine italiana il 40 per cento della manovalanza ferroviaria, i nostri sono numerosi quanto i cinesi. Nel 1909 settecento taglialegna italiani organizzano uno sciopero a oltranza alla McCloud River Lumber Company, represso dalla Guardia nazionale. Nel 1910 genovesi e siciliani hanno il monopolio dei mestieri più umili e pericolosi: la pesca e la raccolta dell'immondizia, da San Francisco lungo tutta la costa giù giù fino a San Diego. Lo scrittore californiano John Steinbeck nel romanzo *Vicolo Cannery* descrive la miseria dei nostri pescatori a Monterey. Ma Antonino Alioto, siciliano di Ponticello, crea una flotta di pescherecci e poi un'industria di conservazione del pesce. Tra i suoi discendenti ci sarà il primo sindaco italoamericano di San Francisco (Jo Alioto) e una dinastia tuttora influente nella politica locale. Figlio di un pescatore siciliano venuto dall'Isola delle Femmine è Joe Di Maggio, il leggendario campione di baseball che sposerà Marilyn Monroe. Anche i netturbini diventano un potere economico, sulle loro cooperative per un secolo si fonda il benessere del quartiere di North Beach, la Little Italy di San Francisco. Lì c'è la base di massa per un fenomeno culturale, la popolarità dell'opera.

Nel 1850 all'angolo fra Jackson Street e Kearny si inaugura il primo teatro lirico della California, con *La Sonnambula* di Bellini. Per reclutare i coristi il direttore d'orchestra li prende sui moli del Fisherman's Wharf, dove i pescatori rammendano le tele cantando *La traviata*. Quando la soprano Luisa Tetrazzini annuncia che interpreterà dei brani d'opera alla vigilia di Natale del 1910, le autorità devono spostare il concerto in piazza, sulla Market Street: per ascoltarla accorre una folla di 250.000 persone.

San Francisco s'impone come la più importante piazza finanziaria affacciata sul Pacifico. Anche questo avviene grazie agli italiani. Il milanese John Fugazi nel 1893 crea la cassa di risparmio Columbus Savings & Loans. Il ligure Andrea Sbarboro nel 1899 fonda la Italian-American Bank. Amadeo Giannini nel 1904 dà origine alla Bank of Italy, poi divenuta la Bank of America, tuttora uno dei colossi della finanza. Dopo il terremoto che distrugge San Francisco nel 1906, Giannini presta senza garanzie ai pescatori della zona. Grazie ai suoi aiuti il quartiere italiano è il primo a rinascere dalle macerie.

Anche la California tecnologica ha un'impronta italiana. Per esempio quella di Giovanni e Teresa Jacuzzi, immigrati nel 1907 da Casarsa nel Friuli, coi loro tredici figli. Una dinastia d'ingegneri con la passione dei motori a propulsione. Ne inventano per estrarre l'acqua dai pozzi e irrigare l'agricoltura. Fondano la compagnia aerea Jacuzzi Brothers che collega con voli di linea San Francisco e Oakland, Richmond, Sacramento. Nel 1943 Candido Jacuzzi per curare il figlio malato di reumatismi ha l'idea di applicare la turbina a una vasca da bagno: nasce l'idromassaggio.

Il fascismo genera un nuovo tipo di emigranti, gli esuli. Gli ingressi di stranieri negli Stati Uniti sono limitati. L'America subisce tensioni isolazioniste e xenofobe. Lo US Immigration Act del 1924 limita gli ingressi. Arrivano però i rifugiati politici, in particolare gli ebrei in fuga dall'Italia per le leggi razziali del 1938. Emilio Segrè, uno dei «ragazzi della Via Panisperna», diventa docente di fisica a Berkeley e uno degli scienziati del Progetto Manhattan per la bomba atomica. Il sangue versato in Asia e in Europa da tanti soldati italoamericani non impedisce un'infamia: i campi d'internamento in cui vengono rinchiusi durante la guerra molti nostri immigrati, ingiustamente sospettati di collusione con il regime di Mussolini.

La terza ondata d'immigrazione italiana è tuttora in

corso, il suo magnete è la Silicon Valley. I pionieri arrivano negli anni Settanta. Andrea Viterbi inventa l'algoritmo essenziale per la telefonia mobile (alla base dello standard Cdma). Federico Faggin crea il microchip 404, brevettato da Intel, all'origine dei moderni personal computer. Il biologo Roberto Crea è uno dei fondatori della Genentech e il padre dell'insulina artificiale. Luca Cavalli-Sforza a Stanford è un'autorità mondiale della biogenetica. L'ultima generazione continua a crescere di anno in anno, è fatta di scienziati, ricercatori, giovani imprenditori che creano start-up. Convinti che l'America è ancora un libro da scrivere, una società aperta, la cui storia viene costruita dai suoi immigrati.

Il mondo salvato dalle donne

Una generazione di donne italiane (con residenza in America) salverà il mondo. Lo stanno già facendo. Le nostre connazionali trentenni e quarantenni hanno «invaso» l'azione umanitaria internazionale con base a New York. Le incontro dappertutto: dalle Ong alle agenzie dell'Onu. Hanno dei curriculum fantastici, parlano quattro o cinque lingue, hanno lauree e master dalle migliori università mondiali, spesso in materie scientifiche. Grazie ai loro studi e talenti professionali queste donne potevano farsi assumere da multinazionali o grandi banche, puntare a carriere ben remunerate (per la maggior parte dei dipendenti o contrattisti l'Onu non è una burocrazia «dorata», gli stipendi nel settore privato sono superiori). Sempre più numerose, hanno scelto di essere in prima linea nelle operazioni di peace-keeping, assistenza ai profughi, protezione dei diritti umani, aiuti ai bambini e alle donne nelle aree più povere, lotta al cambiamento climatico, sostegno allo sviluppo. Sono la nuova classe dirigente di una governance globale che cerca di ridurre sofferenze e ingiustizie. Alternano incarichi al Palazzo di Vetro, che è la sede dell'Onu a Manhattan, e le missioni sul campo, a volte in zone di guerra. Quando sono approdate al lavoro umanitario dentro le istituzioni internazionali parlano con grande rispetto del mondo delle Ong e del volontariato, dal quale spesso provengono. Per l'opinione pubblica purtroppo l'Onu è sinonimo di inazione e la guerra in Ucraina ha confermato in modo tragico la sua impotenza. Ma un conto è l'assemblea politica o il Consiglio di sicurezza dove i veti contrapposti sono paralizzanti. Sul terreno tante agenzie Onu hanno un know how unico per alleviare le sofferenze tra le vittime di conflitti, siccità, inondazioni.

Non ci sono solo le donne: a capo dell'agenzia Onu per i rifugiati (Unhcr), una delle più importanti, c'è stato per anni l'italiano Filippo Grandi, anche se il suo ufficio principale era a Ginevra. Gli uomini italiani sul fronte umanitario riempirebbero anche loro tante pagine di storie, ma nel 2016 decisi di fare una specie di censimento delle trentenni-quarantenni al Palazzo di Vetro. Mi colpivano i numeri: ognuna di quelle che ho intervistato mi presentava a sua volta altre amiche e colleghe, coetanee e connazionali. Nei ritratti che collezionai quell'anno a New York c'è un campione parziale e arbitrario. Spesso la mia scelta era obbligata: intervistavo le italiane che al momento erano qui a New York. Tante loro colleghe pur avendo un indirizzo al Palazzo di Vetro stanno dislocate in interventi d'emergenza e missioni di lavoro in capo al mondo: tra i profughi siriani o i terremotati di Haiti, in una guerra civile africana o un focolaio di epidemie. Di vocazione si tratta, più che di carriera: i sacrifici per la vita personale e familiare sono notevoli. Per alcune s'intuisce che l'Italia stava stretta: nelle missioni globali hanno trovato meno sessismo e discriminazione sull'ambiente di lavoro, trasparenza e meritocrazia all'assunzione, quindi più opportunità. Emigrare era spesso inevitabile, per agire sui fronti delle grandi emergenze contemporanee.

Ricordo Emanuela Calabrini, che aveva quarantasette anni quando la intervistai nel 2016. Team Leader, regione Grandi Laghi, coordinatrice umanitaria, mi disse: «Una delle esperienze a cui do più valore sono i miei cinque anni in Costa d'Avorio in una missione di pace. Era un periodo postelettorale segnato da violenze: tremila morti, centinaia di migliaia di profughi. Contribuimmo a riportare un ordine democratico e una sicurezza per i cittadini. Più di recente ho collaborato alla risposta umanitaria dopo l'epidemia di ebola. Da ragazza avevo lasciato Roma per studiare in Inghilterra e Stati Uniti. Purtroppo al mio rientro in Italia scoprii che le mie lauree non contavano. Nel mondo Onu ho potuto farmi strada senza raccomandazioni, i percorsi professionali sono trasparenti. Preferisco sempre le missioni sul campo, rispetto al lavoro nella sede centrale. Ma anche New York serve: l'Onu è una leva di sensibilizzazione dei governi».

Ricordo Claudia Cappa, trentotto anni al momento del nostro incontro, analista dati all'United Nations Children's Fund (Unicef): «La statistica è la mia arma. Vengo da Cosenza, ho studiato a Venezia, Trieste, Ginevra, master e dottorato in Relazioni internazionali ed Economia dello sviluppo. La mia specialità attuale è l'analisi avanzata dei dati. Ho scoperto da quando lavoro all'Unicef quanto sia politicamente delicato, importante e difficile trovare la verità, misurarla, documentarla, divulgarla superando resistenze enormi. Mi sono occupata di violenza sui bambini, un tema che mette a disagio opinione pubblica e governi, ho dovuto risolvere le resistenze dei genitori a parlarne. Ho lavorato sulle mutilazioni genitali femminili, un fenomeno che incrocia sessualità, maschilismo, l'idea di purezza della donna, tradizioni secolari e tabù. Ora lavoro sulla dichiarazione dei bambini alla nascita. Quasi duecento milioni di bambini sotto i cinque anni non sono mai stati registrati, non figurano all'anagrafe, su nessun archivio ufficiale. Questo significa che non esistono per la legge, per gli Stati. Le conseguenze sono tremende per le popolazioni di profughi, aumentano i rischi di rapimenti. Come fa un genitore a proteggere i suoi figli, a denunciarne la scomparsa, a cercarli, se non può dimostrare che esistono?».

Voglio aggiungere anche Francesca Civili, quarantadue anni quando la conobbi, anche lei all'Office for the Coordination of Humanitarian Affairs, che mi diceva: «Appena laureata alla Luiss di Roma riuscii a ottenere uno stage a Ginevra al Comitato per la prevenzione della tortura. Grandissima esperienza, di lavoro e di vita. Dicono che uno stage all'Onu possa disamorarti, per il contatto con la burocrazia. Io ne sono uscita più motivata di prima. Il coordinamento degli affari umanitari, dove lavoro adesso, è un po' un direttore d'orchestra. Nelle emergenze qualcuno deve assicurarsi che tutte le agenzie impegnate a portare cibo, acqua, medicinali e coperte lavorino con una certa armonia e complementarietà, un ordine che migliori l'efficienza. Di solito dopo un disastro anche gli aiuti rischiano di essere caotici. Il compito nostro è aiutare a trovare quell'ordine. Infine siamo anche una fonte di finanziamenti per le Ong: una parte dei fondi che riceviamo dagli Stati li redistribuiamo al settore umanitario extragovernativo e non-profit».

La mia inchiesta sulle italiane d'America che lavorano per salvare l'umanità proseguì in una direzione molto diversa: le scienziate che si occupano della ricerca genetica sul cervello, la frontiera per debellare l'Alzheimer e il Parkinson. Un giorno spero di dedicare a loro un libro intero, lo meritano senz'altro. Ma qui ho ricordato queste eccellenze per un'altra ragione: pur avendo vissuto dalla mia infanzia come un nomade globale fra Europa, Asia, America, pur occupandomi da sempre di questioni internazionali, sento anch'io l'attrazione della nostra gente. Ho praticato un giornalismo «etnico», proprio così, quando sono stato affascinato dai successi dei nostri inventori nella Silicon Valley, delle nostre operatrici umanitarie al Palazzo di Vetro di New York, delle nostre ricercatrici e ricercatori medici nelle migliori università d'America. Questo Paese lo viviamo tutti, almeno in parte, dentro la sua dimensione più autentica: un mosaico di comunità etniche ricche di solidarietà al proprio interno.

Noi, loro, gli altri

E il rapporto con «gli altri»? Per sette anni entrò nella nostra vita familiare una ventenne Black: era diventata la ragazza di mio figlio Jacopo che abita a Hamilton Heights, un angolo del quartiere afroamericano di Harlem. L'ex ragazza di Jacopo non è newyorchese doc, viene dalla «provincia». È cresciuta vicino a Ferguson, nel Missouri, la cittadina dove il 9 agosto 2014 il giovane nero Michael Brown fu ucciso da un poliziotto bianco. Da Ferguson, un sobborgo di Saint Louis, ebbe inizio la nuova ondata di proteste razziali contro gli abusi di polizia, l'ascesa del movimento Black Lives Matter. L'ex ragazza di Jacopo faceva la ballerina, aveva lavorato anche in uno spettacolo di Beyoncé. Fu la prima e per ora l'unica afroamericana venuta a far parte delle nostre frequentazioni. Proprio così. Dunque c'erano voluti più di sedici anni, da quando ci trasferimmo negli Stati Uniti, prima che una persona di colore entrasse nella nostra cerchia familiare allargata. Nel corso di quei sedici anni l'America aveva avuto due segretari di Stato neri, Condoleezza Rice e Colin Powell, poi ha eletto Barack Obama. Ma io non ho mai avuto un amico afroamericano, di quelli che frequenti regolarmente, con cui ti trovi spesso a cena, vai al cinema, ci fai qualche vacanza insieme. Peraltro, l'ex ragazza di Jacopo in quei sette anni in cui vivevano insieme non ci presentò mai i suoi genitori né suo fratello.

Il mio caso non è anomalo, e la dice lunga sull'esperimento multietnico degli Stati Uniti. Meno riuscito di quanto si creda. O forse, per essere precisi: più limitato, più superficiale di quanto si creda. Ci fu un tempo in cui l'America venne definita un «melting pot». La traduzione: un crogiuolo dove le razze si fondono. Poi, più prudente e realistica, arrivò un'immagine alternativa: meglio parlare di «salad bowl», il contenitore dell'insalata. In un'insalata mista, le varie verdure e condimenti si possono mischiare all'infinito, ma non si fondono mai la rucola e il pomodoro. Questo descrive meglio il contratto sociale americano. L'immigrazione dal resto del mondo avviene con questa regola implicita, non detta, automatica: ciascuno si integra prevalentemente dentro la comunità dei suoi simili. Quando funziona, le varie comunità coesistono pacificamente, in un accordo di rispetto reciproco, nell'osservanza delle regole comuni. Quando la pace si rompe, può succedere di tutto. La guerriglia urbana degli anni Sessanta nei ghetti neri delle metropoli; o quella che ha messo a soqquadro tante città durante le proteste di Black Lives Matter in piena pandemia. Possono aumentare i «crimini d'odio» come quelli che spesso vedono protagonisti dei Black nelle aggressioni contro gli asiatici (le due minoranze agli estremi opposti della scala sociale). Possono riaffacciarsi i suprematisti bianchi, filonazisti, che Trump trattò con indulgenza. O infine può subentrare una sorta di violenza culturale a bassa intensità, endemica, come l'indottrinamento scolastico che colpevolizza i bambini bianchi insegnando che loro, e solo loro, hanno il razzismo nel Dna o nella storia dei loro antenati.

Ma anche nella pacifica convivenza, che per fortuna è la regola prevalente, si tratta sempre di questo: conviviamo, che è una cosa diversa dal mescolarsi. Mi sforzo di ricordare, ma non trovo un amico nero nei primi quattro anni in cui vissi a San Francisco, né qui a New York, prima che Jacopo ci presentasse la sua ex ragazza. Ho avuto più fortuna con cinesi, indiani, e latinoamericani; per lo più professori universitari. Ma anche loro li conto sulle dita della mano. La maggior parte del tempo, si vive in un apartheid non detto. Abitando in quartieri dove i vicini di casa hanno lo stesso colore della pelle che ho io. Gli altri li incrocio in gran quantità quando prendo il metrò la mattina: i trasporti pubblici sono pieni di pendolari «etnici». Black se ne vedono tanti negli uffici statali, l'impiego pubblico è sempre una macchina di promozione sociale delle minoranze. E poi ci sono tutti i servizi dove la manodopera immigrata è maggioritaria, dai camerieri nei ristoranti alle ragazze asiatiche dei saloni di bellezza per le signore, dai fattorini per le consegne ai tassisti. Per questi ultimi, non a caso, la città di New York ha perfino abolito l'esame d'inglese come condizione per la licenza. Devo aggiungere, per essere preciso, che anche nelle professioni qualificate pullulano le minoranze etniche. Per anni ebbi una oculista indiana e il mio attuale medico di famiglia è una cinese, la dottoressa Jenny Tang.

Va un po' meglio con i miei figli. Essendo arrivati qui da adolescenti hanno avuto più occasioni per diversificare le amicizie. Fanno anche mestieri con più minoranze: Costanza insegna nell'università statale della California e ha tanti studenti ispanici, Jacopo come attore ha dei colleghi Black. Tra i giovani della loro generazione crescono in percentuale le coppie multietniche. Ma l'America resta un modello imperfetto e un cantiere incompiuto. Perfino per le ondate migratorie antiche.

Se ti capita di essere invitato alla Bar Mitzvah di un ragazzino ebreo, ti troverai in un ambiente prevalentemente ebraico. Due comunità che hanno un'alta percentuale di matrimoni misti, gli americani di origine italiana e irlandese, hanno in comune anche la religione cattolica. Viceversa i nuovi immigranti che arrivano dall'Africa vengono trattati male dai Black di qui, come ha raccontato Chimamanda Ngozi Adichie nel romanzo *Americanah*. Un'attrice comica nera che ho ascoltato nel teatro di satira politica Gotham City, ricordando che i suoi genitori sono immigrati dalla Nigeria, scherzava: «Ci distingue il fatto che noi l'America l'abbiamo scelta». Le tribù a cui tutti apparteniamo sono il primo rifugio: e per quanto la convivenza con le altre tribù sia pacifica, la sera ci si ritira molto spesso nelle proprie «bolle». Queste fungono anche da società di mutuo soccorso. Se ti serve un medico di fiducia che sia disposto a farti una visita a domicilio; un idraulico veramente bravo e non esoso; una raccomandazione per fare ammettere tua figlia in una scuola selettiva. In queste e in cento altre situazioni della vita quotidiana, è probabile che un italoamericano come me cerchi aiuto prima di tutto nel villaggio virtuale degli italiani, nella vasta comunità tenuta insieme dai fili invisibili delle radici ancestrali, delle origini, dell'appartenenza.

Così fan tutti, credetemi. Quando sono cessate le restrizioni da pandemia e siamo tornati a fare una vita sociale molto intensa, un invito a cena ci è giunto da una ex collega di mia moglie Stefania. Per la sua carriera professionale negli Stati Uniti, mia moglie è la più multietnica di tutti noi: ha insegnato in un liceo internazionale di San Francisco, poi ha diretto il dipartimento di lingue straniere nella scuola delle Nazioni Unite a New York. La sua ex collega che ci ha invitato è spagnola, sposata con un indiano. Come volevasi dimostrare: in quella affollata cena in piedi Stefania e io eravamo gli unici «innesti» da altre comunità. L'80 per cento degli invitati erano indiani, il 20 per cento spagnoli. Gli indiani riescono a mantenere il loro accento e pronuncia – molto forti – anche se abitano qui da una vita. Mangiano cibo indiano. E sanno tutto delle ultime decisioni del premier Narendra Modi a Delhi, anche se hanno preso la cittadinanza Usa e i loro figli sono nati qui. Infine la loro solidarietà etnica è nota nel mondo del lavoro: le «cordate» dei manager indiani hanno conquistato la direzione di molte aziende tecnologiche nella Silicon Valley ed è innegabile che fra loro ci sia un pregiudizio favorevole al momento dell'assunzione. Qui si chiama «fare networking». Alla Harvard Business School nessun professore confesserà che la potenza del networking etnico è irresistibile.

Un sano e inaspettato patriottismo

Tutto quel che avete letto fin qui non deve farvi credere che l'America sia un esperimento multietnico fallito. Al contrario, finora un collante ha tenuto insieme in modo miracoloso tutti i villaggi etnici in cui ci ritiriamo la sera quando abbiamo finito la nostra immersione in mezzo agli altri. È una forma di patriottismo filoamericano quasi inconsapevole. Può scattare quando meno te l'aspetti. Magari alla partenza della maratona di New York quando è il momento dell'inno nazionale e di colpo ti vengono le lacrime agli occhi. O quando un vicino di casa t'invita con tutta la famiglia per Thanksgiving, pensando che non è giusto lasciarti solo nella festa dell'amicizia e della solidarietà. Oppure scopri il tuo rispetto per la bandiera a stelle e strisce perché altrove la senti odiata e disprezzata con un livore viscerale: quando in Italia il 25 aprile 2022 qualcuno che usurpa la memoria dei partigiani urla slogan antiamericani, rovesciando le colpe per l'aggressione all'Ucraina.

Più spesso succede che il patriottismo americano sia

una sorta di contrappunto verso i Paesi d'origine. Tanti italiani, tanti indiani, messicani, russi, si sono lasciati alle spalle una «patria matrigna», avara di opportunità. Non è il mio caso perché io sono un espatriato che ha scelto di praticare il giornalismo internazionale, ho lasciato l'Italia perché volevo esplorare il mondo, punto e basta. Ma la maggior parte dei connazionali che incontro qui hanno subito delle delusioni, qualche ingiustizia, che li hanno spinti nelle braccia dell'America. Così il patriottismo filoamericano s'infila nelle conversazioni nei modi più inattesi: un italiano e un indiano, un russo e un messicano possono scoprirsi affratellati dall'insofferenza verso le burocrazie oppressive dei rispettivi Paesi d'origine, e la constatazione che negli Stati Uniti... be', è meno peggio che là. Ci si sente americani per gratitudine. Senza farsi illusioni, senza ignorare gli enormi difetti del Paese che ci accoglie. Tutti quanti conserviamo un amore vero per la patria originaria, chi può torna a visitare la terra degli avi il più spesso possibile: ma ce la godiamo da turisti, sopportiamo i suoi difetti sapendo che non siamo costretti a subirli tutto l'anno.

Questo patriottismo è prezioso. Perciò non perdono alla nuova sinistra ultraradicale, quella che comanda nelle università da settantamila dollari di retta annua, quella che vota per Alexandria Ocasio-Cortez, di disprezzarlo. Nella sinistra ultrà il patriottismo è considerato un disvalore, una cosa da fascisti. L'ideale per quel mondo che vuole abbattere le frontiere è che tutti i disperati della terra vengano qui in America ma rifiutando i valori dell'America, perché le culture originarie degli ecuadoregni e degli honduregni sono moralmente superiori alla nostra. Non mi ribello solo a una ricostruzione menzognera della storia, in cui le altre civiltà sono buone e solo quella bianca è malvagia. Mi spaventa il risultato. Con questa dottrina, gli estremisti di sinistra corrodono dall'interno l'esperimento americano – che presuppone l'accettazione di un patrimonio di regole e valori, per integrarsi. Sabotare il patriottismo, che cosa ci lascia in mano?

Yascha Mounk, pensatore progressista di origine tedesca che vive negli Stati Uniti, ha scritto un bel saggio per rivalutare il patriottismo: *The Great Experiment: Why Diverse Democracies Fall Apart and How They Can Endure*. Mounk ricorda lo scrittore inglese George Orwell, che nel 1936-1937 aveva combattuto nella Guerra civile spagnola contro i fascisti di Franco, e conosceva l'orrore di un nazionalismo aggressivo, distruttivo. Lo stesso Orwell però era convinto che un patriottismo buono avesse salvato la Gran Bretagna durante il periodo più drammatico dell'assedio nazista. Molti di noi hanno riscoperto il valore positivo del nazionalismo, quando il popolo ucraino ha resistito in modo eroico all'aggressione militare della Russia.

Il patriottismo delle piccole cose

Uno dei momenti in cui ho sentito il fascino di un patriottismo buono, che è anche il patriottismo delle «piccole cose», fu quando l'America mi chiamò a svolgere un servizio civile obbligatorio: il mio turno come membro di una giuria popolare. È un obbligo a cui non possiamo sottrarci. Quando arriva la cartolina di convocazione dal tribunale distrettuale, in caso di vera e comprovata emergenza puoi chiedere un esonero, ma questo significa solo che ti sei conquistato un rinvio del tuo turno. Prima o poi ti toccherà. Per me accadde in un momento delicato, nelle ultime settimane della campagna elettorale per la rielezione di Obama, autunno 2012. Ho preferito non chiedere il rinvio, ho sperato che il processo sarebbe stato breve, e che nelle pause avrei lavorato usando il wi-fi del tribunale. Così ho avuto il mio vero battesimo di cittadino americano, perché fino a quando non sei giurato popolare tanti concetti sulla Costituzione e la giustizia sono astratti, sono teorie che hai studiato per l'esame di cittadinanza, ma non sono vita vissuta. Il mio tribunale è al 111 Centre Street, nel bel mezzo di Chinatown, dettaglio che si sarebbe rivelato cruciale. Il processo vedeva come imputati due cinesi accusati di sfruttamento della prostituzione in un salone di massaggi. Sfilavano come testimoni a carico delle donne, anche loro cinesi, che lavoravano in quel salone. Regnava un clima di timore reverenziale verso l'aula del processo e il magistrato togato, un rispetto maniacale delle regole. Ci hanno dato il codice di accesso wi-fi e ci hanno incoraggiato a portare laptop, tablet: ma solo per occupare i tempi morti. Quando venivamo convocati dal giudice nell'aula, tutti spegnevamo i gadget elettronici, guai a farci beccare con lo smartphone in modalità silenziosa, a rispondere alle email o agli sms. Il rischio era di finire sul banco degli imputati per «disprezzo della corte». A ogni seduta d'informazione preliminare, i funzionari del tribunale e poi il giudice stesso ci ricordavano che stavamo svolgendo un ruolo fondamentale nella democrazia americana. Adempivamo un dovere che è anche un nostro sacrosanto diritto: amministrare la giustizia.

Questo è un Paese che fin dal 1776 decise di darsi dei tribunali fondati sul popolo. È un sistema diverso dalla maggioranza dei Paesi europei, dove pure esistono le giurie popolari ma hanno ruoli più limitati. In America dai tempi della Rivoluzione, per reazione alle monarchie, ai tiranni, agli Stati forti, venne deciso di limitare il potere delle burocrazie professionali. Magistratura compresa. Il giudice applica la legge, ma solo dopo che il popolo ha stabilito chi è colpevole e chi è innocente; oppure, nei processi civili, da che parte stanno la ragione e il torto. Il presidente della corte ci ricordava che questo principio un giorno potrebbe tutelare noi: «Avete il diritto costituzionale di essere giudicati da una giuria di vostri concittadini, di vostri pari, non da un magistrato di professione nominato dal governo». È dai tempi in cui lo studiava Alexis de Tocqueville che questo modello resiste, perché la gente qui crede che sia migliore. C'è anche l'aspetto spettacolare. Il giudice cercava di metterci in guardia: «Avrete visto tanti film sui processi. Non parliamo delle serie televisive, *Law & Order* o altre. Ecco, noi non siamo a Hollywood. Qui ci sono persone vere. I due imputati saranno dichiarati colpevoli o innocenti da voi. Il loro destino è nelle vostre mani, così come tocca a voi valutare le ragioni di chi li ha denunciati. Ricordatevi che il nostro diritto si fonda sulla presunzione d'innocenza. Non formatevi un'opinione prima di avere ascoltato tutte le prove, tutte le arringhe. Condannate solo se avete raggiunto una convinzione di colpevolezza oltre ogni ragionevole dubbio».

Fare il membro di una giuria popolare è un mestiere a tempo pieno, finché dura il processo. Venivamo convocati alle nove del mattino e rilasciati alle cinque del pomeriggio. Il mio «altro» lavoro dovevo concentrarlo prima dell'alba anticipando la sveglia; poi avevo un'oretta e mezza di intervallo pranzo che passavo in tribunale incollato al mio laptop; la sera e fino a tarda notte tornavo a fare il giornalista. Poca vita sociale, niente viaggi. Gli altri tredici giurati (una giuria è fatta di dodici membri permanenti e due supplenti) avevano problemi maggiori: ricordo un afroamericano che faceva l'autista in proprio e perdeva reddito, nel suo caso il tribunale pagava la diaria ma è troppo bassa (quaranta dollari al giorno); c'era una mamma single che non poteva andare a prendere il figlio quando chiudeva l'asilo nido. Nessuno ti ringrazia, nessuno ti compiange.

Raccontai quell'esperienza in un libro di allora, *Tradimento*, dedicato alla crisi della democrazia. Imparai molto, su ambienti sociali lontani dal mio, mondi dove la realtà quotidiana è fatta di miseria, sfruttamento, prostituzione, estorsione. Sulla vita dei poliziotti a contatto quotidiano con la violenza, l'inganno, l'abuso, i drogati e i malati di mente. Sulle scorciatoie che talvolta alcuni detective usano per incastrare dei sospetti, fabbricando prove. Sul traffico sessuale, le donne che finiscono in quel giro. Sull'immigrazione clandestina e l'insicurezza creata dallo status d'illegalità e precarietà che rende ricattabili. Imparai ancora di più sui miei limiti. Un giornalista si muove su un terreno non troppo diverso dal mestiere del giudice e del poliziotto: dovrebbe unirci la ricerca della verità, lo sforzo di imparzialità. Prima di dire innocente o colpevole un giurato deve ascoltare tutte le versioni, riconoscere che la verità a volte non è bianco o nero, che in tutte le situazioni umane esistono zone di ambiguità. Non sono certo che questa giustizia fondata sulla giuria popolare sia la migliore possibile. E tuttavia in quei Paesi dove vigono altre regole e procedure anche i giudici professionisti sbagliano. Fu per me un test importante sulle forze dell'America. Eravamo in dodici a consultarci, discutere fra noi e decidere. Il mio parere venne bilanciato da quello di altre persone, donne e uomini, neri e asiatici e bianchi, ciascuno portava la sua esperienza di vita e il suo buonsenso. Tutti insieme abbiamo lavorato con pazienza, consapevolezza dei nostri limiti, spirito di cooperazione. Forse la corvée della giuria popolare non crea una giustizia americana migliore di altre, ma in compenso funziona per i giurati come una sorta di servizio civile. È educativo, ti fa capire meglio che una società vive di sacrifici quotidiani delle proprie certezze, altrimenti si spappola e si disintegra, diventa caos e ferocia. Il livello di civiltà, di ascolto, di rispetto reciproco a cui siamo «costretti» da giurati – che ci piaccia o no, sono le regole del gioco – è raro trovarlo nella pratica democratica, anche in America. In quanto al tema etnico, anche quel processo mi ha confermato quanto sia delicato l'equilibrio.

Le donne che venivano alla sbarra per testimoniare di essere state indotte alla prostituzione parlavano solo mandarino o qualche dialetto cinese; i loro presunti sfruttatori, pure. I poliziotti che avevano raccolto prove, no. Il lavoro degli interpreti era mastodontico. La linea della difesa era questa: il castello di accuse era inventato perché se una donna riesce a conquistarsi lo status di vittima del racket della prostituzione, l'Immigration Service le assegna una corsia preferenziale per la green card. Dunque: accuse false, una montatura, in combutta con gli assistenti sociali che volevano costruire un «caso» umanitario? Gli accusati piangevano protestando la propria innocenza. Venivamo chiamati ad arbitrare un conflitto interno a Chinatown, a una comunità abbastanza chiusa e autoreferenziale. Il rischio di equivoci, linguistici e non solo, era alto. Alla fine prevalse un certo garantismo, ispirato anche da una diffidenza verso i metodi usati dalla polizia per raccogliere prove. Siamo rimasti alla superficie di quella vicenda, non potevamo immergerci nei meandri di Chinatown o nelle teste delle presunte vittime e dei presunti sfruttatori, alla ricerca di una verità assoluta. Le condanne furono parziali, per reati minori. Le pene non lo so: quelle dipendono dal giudice, in una seduta a parte.

Sono ragionevolmente fiducioso che le parti in causa abbiano conosciuto una giustizia migliore, più rispettosa dei diritti individuali, di quella che sarebbe stata applicata in un tribunale di Pechino. Sono fiero di aver fatto il giurato, perché non smetterò mai di meditare sulle lezioni apprese in quel contatto con la giustizia americana.

Il patriottismo buono, il patriottismo delle piccole cose, lo ritrovo quando partecipo a un'assemblea di condominio. Ho ricordi poco esaltanti delle assemblee di condominio in Italia, rissose, frustranti, e spesso inconcludenti. Qui vale lo stesso galateo civile, lo stesso rito della cortesia, che segnavano le sedute della mia giuria popolare in camera di consiglio. Non si interrompe chi sta parlando, lo si lascia finire. Non si alza la voce. Non si dà mai per scontato che l'altro sia in malafede. La decisione comune deve essere una conquista, non un'imposizione. Io, italoamericano, come un indiano americano o un messicano americano, ci sentiamo fieri della nazione che ci ha accolti, quando nella vita quotidiana assaggiamo le regole di condotta che hanno tenuto insieme gli Stati Uniti per due secoli e mezzo.

La democrazia americana ha smesso da tempo di assomigliare a una giuria popolare o a un'assemblea di condominio. E la colpa non è di una parte sola. Torno all'importanza del patriottismo delle piccole cose che è stato definito anche patriottismo civico. L'esperimento multietnico degli Stati Uniti ha funzionato perché per generazioni ondate di nuovi arrivati hanno finito per accordarsi sul rispetto di certe regole, e alla fine ne sono diventati fieri. Oggi chi incoraggia i nuovi arrivati a tenersi stretta la propria cultura d'origine sta cercando di demolire il patriottismo civico per sostituirlo con una coalizione antiamericana delle minoranze etniche. È un'operazione probabilmente destinata a fallire, se guardiamo alla velocità con cui molti ispanici diventano ammiratori dell'etica imprenditoriale yankee, o se guardiamo alla maggioranza silenziosa degli afroamericani che vogliono più polizia nei loro quartieri per far rispettare la legge e l'ordine. Però l'assalto culturale contro il patriottismo civico fa dei danni, in particolare nelle università dove le virtù del dialogo e della tolleranza sono calpestate.

Isolazionismo, autoritarismo e antiamericanismo

L'8 marzo 1936 Adolf Hitler viola gli accordi di pace che posero fine alla Prima guerra mondiale e manda ventimila soldati a occupare la Renania. È il primo segnale di una escalation che lo porterà nel 1938 ad annettere l'Austria, poi a invadere i Sudeti, infine la Cecoslovacchia e la Polonia nel 1939. Ma per uno dei maggiori giornali americani quel che accade in Renania è una non-notizia. «Sta occupando un territorio che è suo» commenta il «New York Daily News». Lo stesso editore del «Daily News», Joseph Patterson, un mese prima dell'invasione nazista in Polonia visita la Germania. Il primo agosto 1939 scrive: «Il pericolo di guerra diminuisce». A settembre scoppia la Seconda guerra mondiale. Miopia, superficialità? No. Un pezzo d'establishment americano tifava contro i valori dell'Occidente, simpatizzava per gli autoritarismi altrui, li sdoganava come delle potenze stabili e capaci di esercitare un ruolo benefico nell'ordine mondiale. La stampa aveva un ruolo di punta nel sostenere il nemico (o futuro nemico).

«The Newspaper Axis», cioè l'Asse dei giornali, lo chiama la storica Kathryn Olmsted nel saggio uscito negli Stati Uniti con questo titolo. L'allusione è alle potenze dell'Asse: l'alleanza fra la Germania di Hitler, l'Italia di Mussolini, il Giappone di Hirohito. Ma i giornali in questione erano angloamericani. Olmsted ricostruisce il ruolo che ebbero in quegli anni sei magnati della stampa, in Gran Bretagna e negli Stati Uniti: tutti indulgenti, qualcuno apertamente favorevole, nei confronti degli autocrati nazifascisti. L'influenza di questi editori era enorme. William Randolph Hearst è il più celebre, ispirò il protagonista di *Citizen Kane* nel film di Orson Welles del 1941, *Quarto potere* in italiano. Hearst possedeva un impero di ventotto quotidiani da un capo all'altro degli Stati Uniti. Gli altri «baroni» dell'informazione in America erano Patterson del «Daily News», sua sorella Eleanor proprietaria del «Washington Times-Herald», Robert McCormick del «Chicago Tribune». Raggiungevano ogni giorno cinquanta milioni di lettori. I corrispettivi sull'altra sponda dell'Atlantico erano il padrone del «Daily Mail», Lord Rothermere, e quello del «Daily Express», Max Beaverbrook. I due dominavano le vendite in Gran Bretagna: sedici milioni di lettori. In comune, racconta Olmsted, avevano la simpatia per i fascismi. Negli anni Trenta e fino all'inizio del decennio successivo, la loro potenza mediatica fu al servizio di una causa: giustificare i regimi totalitari che odiavano l'Occidente, legittimarne le mosse sullo scacchiere europeo. C'erano legami di simpatia ideologica: anticomunismo e antisemitismo. In America gli editori di quei giornali sospettavano che il New Deal di Franklin Roosevelt fosse l'anticamera del socialismo; per screditarlo attaccavano i «consiglieri ebrei» del presidente democratico: come il segretario al Tesoro Henry Morgenthau e il giudice della Corte suprema Felix Frankfurter.

Dopo l'esplosione di violenze contro gli ebrei in Germania nota come «la Notte dei cristalli» (9-10 novembre 1938) il commento del «Daily News» fu che «parecchia gente sta esercitando il diritto di non amare gli ebrei».

L'Asse dei giornali contribuì a ritardare l'entrata in guerra di Roosevelt contro i nazifascismi. La potenza mediatica «al servizio del nemico» però non agiva da sola. I ricchi editori interpretavano umori presenti nel capitalismo americano e nella società. Fra i simpatizzanti di Mussolini ci fu Henry Ford, industriale dell'automobile. Un finanziere di spicco, Joseph Kennedy (padre del futuro presidente John), pur essendo stato nominato ambasciatore a Londra da Roosevelt nel 1938, continuò ad avere simpatie per i nazisti. Il 20 febbraio 1939 ventiduemila americani filonazisti si accalcavano dentro il Madison Square Garden di New York. L'ambiguità di quegli anni è raccontata in due romanzi celebri. Il primo è *Da noi non può succedere* di Sinclair Lewis. Scritto e ambientato nel 1935, immagina che Roosevelt dopo un solo mandato sia sconfitto e sostituito da un fascista. L'altro è *Il complotto contro l'America* di Philip Roth. Molto più recente (2004), questo immagina che nel 1940 Roosevelt sia battuto alle urne dall'aviatore Charles Lindbergh, noto sostenitore di Hitler e Mussolini. Il vero Lindbergh, sfruttando l'aureola di prestigio conquistata con la sua trasvolata atlantica, fu un implacabile oppositore della guerra. Nei suoi discorsi affermava un'equivalenza morale fra la democrazia inglese e il nazismo. Solo l'attacco a tradimento dei giapponesi il 7 dicembre 1941 a Pearl Harbor silenziò quell'America che aveva «tifato per il nemico». Ma un pezzo di società americana in cuor suo sperava che la storia prendesse una direzione diversa, e forse il romanzo più suggestivo per immaginare un futuro alternativo è *The Man in the High Castle* di Philip Dick, tradotto in Italia come *La svastica sul sole*. Immagina un mondo, poco gradevole, in cui hanno vinto gli altri. Ancora oggi c'è chi pensa che le vittorie americane siano tutte immeritate, inclusa la Seconda guerra mondiale e la prima Guerra fredda contro l'Unione Sovietica. Non lo dice in questo modo, ma lo pensa.

Le radici dei comportamenti dei grandi editori di destra negli anni Trenta non erano così estranee alla tradizione americana come ci appaiono oggi. Oltre all'anticomunismo e al razzismo antisemita, chi simpatizzava per Hitler o voleva lasciarlo agire indisturbato era l'erede di una tradizione antica: l'isolazionismo. Le sue origini sono nobili. Diversi padri fondatori della Repubblica fuggirono dalle guerre di religione, determinati a voltare le spalle ai conflitti fratricidi del Vecchio Continente. Quando cominciarono la parabola di nazione emergente, a metà dell'Ottocento gli Stati Uniti si diedero la «dottrina Monroe» con cui si arrogavano una sfera d'influenza allargata a tutte le Americhe: ma solo nel primo Novecento con Theodore Roosevelt ebbero i mezzi militari per affermarla. Comunque l'isolazionismo rimase la dottrina dominante, fino allo «strappo» del democratico Woodrow Wilson (l'intervento nella Prima guerra mondiale), e tornò a esserlo subito dopo. Nel 1918-1920, in una nazione stremata dalla spagnola e dalla recessione postbellica, i repubblicani vollero il ritiro delle truppe americane dall'Europa e si opposero alla Società delle Nazioni (l'antenata dell'Onu). I presidenti repubblicani del primo dopoguerra, Warren Harding e Calvin Coolidge, erano convinti che l'America avesse tutto da perdere continuando a interferire nelle contese europee.

Un revival di quell'isolazionismo di destra c'è stato con Donald Trump. È fresco il ricordo delle sue polemiche contro gli alleati della Nato. In parte Trump riprendeva – con meno tatto – le accuse di altri presidenti sul «parassitismo» dei partner che non investono nella sicurezza e vivono di rendita sotto la protezione degli Stati Uniti. Ma è noto che Trump prese in considerazione, almeno in linea teorica, l'uscita dalla Nato. Dietro l'attrazione che prova per Xi Jinping e soprattutto per Vladimir Putin, oltre al fascino dell'Uomo Forte c'è dell'altro. È l'idea di un ordine globale nel quale all'America conviene ritirarsi a curare i propri stretti interessi nazionali, quindi lasciare a ciascuna superpotenza la propria sfera d'influenza imperiale. È una versione aggiornata dell'isolazionismo anni Venti di Coolidge-Harding.

Un'altra America che «tifa per il nemico» è sempre esistita a sinistra. FDR era circondato di consiglieri socialisti, e qualche comunista. Il mondo di intellettuali, tecnocrati ed esperti che ispiravano il New Deal guardava con enorme rispetto all'esperimento comunista in Unione Sovietica. I simpatizzanti di Stalin furono osteggiati, e anche perseguitati, quando cominciò la Guerra fredda (1947) e con essa la «caccia alle streghe». Molti però non si scoraggiarono, del resto fu grazie alla rete di spie comuniste in America che Stalin riuscì a rubare velocemente i segreti della bomba atomica. La sinistra che bruciava le bandiere a stelle e strisce conquistò un'influenza politica decisiva negli anni Sessanta e Settanta, quando la guerra del Vietnam venne vista come un conflitto ingiusto, immorale, che rinnegava i valori stessi per cui l'America si erigeva a «guida del mondo libero». La stessa sinistra ebbe ragione contro George W. Bush quando condannò le menzogne di Stato con cui quel presidente aveva giustificato l'invasione dell'Iraq nel 2003. Le piazze d'America si riempirono di manifestazioni pacifiste e nel 2008 Barack Obama vinse la nomination democratica perché – a differenza di Hillary Clinton – si era opposto alla guerra in Iraq. Ma la sinistra più radicale non ne ha tratto la conclusione che la democrazia americana possiede anticorpi per contenere le pulsioni militariste e aggressive; un pezzo di élite progressista ha concluso che l'America è l'unica superpotenza aggressiva e dominatrice; anche quando le aggressioni vengono da altri imperi.

Un saggio recente rappresenta bene questo filone di pensiero. È *Humane: How the United States Abandoned Peace and Reinvented War* di Samuel Moyn. Lo recensisce entusiasticamente Jackson Lears su un «tempio» della cultura progressista, «The New York Review of Books». La tesi del libro è familiare a chi frequenti l'intellighenzia progressista americana: l'impero del male siamo noi. Il libro passa in rassegna la storia degli Stati Uniti con un filo conduttore: sono una potenza militarista e guerrafondaia. Le prove che questa superpotenza ha il grilletto facile abbondano, dalla Seconda guerra mondiale in poi l'80 per cento dei suoi interventi militari ha avuto luogo nel periodo successivo alla caduta del muro di Berlino, quando in teoria c'erano meno ragioni di entrare in conflitto. Ma il pensiero conforme di Moyn e Lears scivola inesorabilmente dalle accuse all'America all'assoluzione di Putin. Riprendendo alla lettera le parole usate dall'autocrate russo e da Xi Jinping, Lears attribuisce agli Stati Uniti «la ricerca di uno scontro con la Russia nello stile della Guerra fredda», «il rifiuto di rispondere alla paura russa di un accerchiamento da parte della Nato». È sempre «la politica degli Stati Uniti che prolunga la guerra». Ed è Washington ad avere ispirato «gli ignoranti e irresponsabili appelli dell'Ucraina» per gli aiuti militari. L'Asse dei media che tifano per chi odia l'America è più pluralistico rispetto agli anni Trenta del secolo scorso, ma la sua storia è lungi dall'essersi conclusa.

In Europa l'antiamericanismo coltiva anche questa leggenda: che i presidenti Usa fanno le guerre per vincere le elezioni. È una favola che resiste al confronto con la realtà storica: Lyndon Johnson fu distrutto dalla guerra in Vietnam al punto da non ricandidarsi, Obama divenne presidente perché si era opposto alla guerra di Bush, ma in generale la politica estera non ha un'influenza rilevante nelle elezioni, che si decidono su questioni domestiche. Qualunque cosa faccia Biden all'estero – e dovrebbe essere superfluo ricordare che la guerra in Ucraina l'ha decisa Putin – gli americani non lo premieranno per quello. Uno dei più autorevoli istituti di indagini demoscopiche, Harris Poll, nell'aprile 2022 pubblicava una diagnosi pessima sullo stato d'animo degli americani. «I consumatori» scriveva Mark Penn, presidente di Harris Poll «sono colpiti da un'inflazione quasi a due cifre, per la prima volta da quarant'anni. Il 60 per cento degli elettori giudica debole l'economia e il 48 per cento dice che la propria situazione finanziaria si sta deteriorando. L'ansia su una possibile guerra nucleare come negli anni Cinquanta e Sessanta si unisce alla minaccia dell'inflazione degli anni Sessanta, e all'ondata di criminalità degli anni Ottanta e Novanta, infine si aggiungono le tensioni sull'immigrazione illegale del nuovo millennio.» Poi ancora: «Questo elettorato è pronto a esplodere».«Il capo della metropolitana di New York ammette che il calo del 36 per cento di passeggeri tra il dicembre 2021 e il gennaio 2022 (postpandemia, N.d.A.) è dovuto alla paura del crimine.» E continua: «La gente ha paura di subire una stangata economica, di essere ferita o minacciata da delinquenti, di vivere in una nazione senza una forte protezione delle frontiere contro l'immigrazione clandestina, e di essere sotto la minaccia di armi nucleari».

Postglobalizzazione e «friend-shoring»

Dietro le tensioni che attraversano la società americana s'intuisce la fine del globalismo, ideologia dominante per un trentennio, sconquassata da tanti shock: la crisi finanziaria del 2008 (mutui subprime), la rivolta operaia contro le élite che ha fornito voti a Trump, la pandemia, la guerra in Ucraina. Biden e la squadra democratica che lo circonda tentano di immaginare il mondo del futuro come una globalizzazione «riservata agli amici», cioè ai Paesi che condividono i valori degli Stati Uniti. Le sanzioni economiche alla Russia potrebbero essere un passo decisivo in quella direzione, nasce il neologismo «*friend-shoring*». È calcato sul verbo «*off-shoring*» con cui si indicano le delocalizzazioni in Paesi d'oltremare. Secondo vari esponenti dell'amministrazione Biden, per ragioni di sicurezza è il momento di rilocalizzare molte produzioni nei Paesi alleati. Il problema non è solo l'energia fossile che viene dalla Russia. Abbiamo visto quanto è rischioso per la nostra salute dipendere dalla Cina per medicinali e apparecchi biomedici; nel 2022 Pechino ha limitato anche le sue esportazioni di acciaio e di fertilizzanti per dare la priorità ai propri bisogni interni. Le nostre economie possono dipendere da una nazione ostile ai valori dell'Occidente? I nuovi confini geopolitici della globalizzazione potrebbero dunque restringersi alle liberaldemocrazie di cui ci fidiamo: attorno agli Stati Uniti ci sono Canada, Unione europea, Svizzera, Giappone, Corea del Sud, Taiwan, Australia e alcuni altri. Ma è possibile? È realistico? Quali ne sarebbero le conseguenze?

Il «*friend-shoring*» non è un obiettivo nuovo. Ci riporta alle giornate di Seattle del dicembre 1999. In quella città della West Coast si celebrò un summit della World Trade Organization (Wto), l'organizzazione mondiale del commercio che doveva essere l'arbitro della globalizzazione. Due anni dopo sarebbe entrata a farne parte la Cina. Ma nel '99 a Seattle ci furono contestazioni poderose che nascevano all'interno degli Stati Uniti, manifestazioni oceaniche videro confluire sindacati operai e ambientalisti. Uno dei temi che univa quel fronte composito era la concorrenza al ribasso su diritti umani, diritti dei lavoratori, ambiente: le delocalizzazioni venivano denunciate come lo strumento per aggirare tutte le nostre conquiste. Quelle resistenze furono travolte anche perché la sponda politica dei sindacati e degli ambientalisti, cioè la sinistra di governo, divenne globalista: da Bill Clinton fino a Obama. Ora il Partito democratico Usa fa dietrofront. L'idea del «*friend-shoring*» riprende in parte lo spirito dei contestatori di Seattle.

Nel frattempo, però, decenni di delocalizzazioni ci hanno reso così dipendenti dai Paesi autoritari, che la nostra emancipazione è problematica. Dopo due anni di pandemia, e nonostante tutti i proclami sulla necessità di liberarci dalla dipendenza cinese, in America se entro in una farmacia a comprare una mascherina o un tampone per il test Covid trovo sempre prodotti made in China. I dazi imposti da Donald Trump sulle importazioni cinesi vengono aggirati per sessantasette miliardi di dollari di importazioni annue usando un cavillo giuridico che esenta la «modica quantità»: basta sparpagliare gli acquisti del made in China su una miriade di consumatori con ordini individuali su Amazon. Per accelerare la transizione verso un'economia con zero emissioni carboniche, stiamo spingendo sul solare e l'auto elettrica: due settori dove la Cina ha un semi monopolio di apparecchi, componenti, metalli.

«*Friend-shoring*» significa rivedere gli equilibri economici su cui si regge l'economia americana (e con essa tutto il sistema occidentale). Trent'anni di globalizzazione hanno abituato molte imprese multinazionali ad avere un costo del lavoro basso e profitti conseguenti. Riportare produzioni negli Stati Uniti significa accettare costi del lavoro superiori, più i costi delle tante regole, ambientali e non solo. L'America, per aver semichiuso le frontiere all'immigrazione, ha visto salire i salari operai come non accadeva dagli anni Ottanta: era ora, però adesso le imprese protestano, alzano i prezzi, l'inflazione galoppa. Come negli anni Settanta – quando ancora l'America produceva in casa buona parte dei beni industriali – rischia di ripartire una spirale prezzi-salari-profitti, alimentata da un'implicita lotta fra capitale e lavoro sulla ripartizione del reddito nazionale.

La Cina aveva garantito profitti enormi a Goldman Sachs e Boeing, Apple e General Motors; al consumatore Usa aveva offerto un mondo low cost a cui dovremo dire addio se vogliamo proteggerci. Non bisogna trascurare i benefici: così come le delocalizzazioni hanno sventrato la classe operaia americana, le rilocalizzazioni possono far rinascere milioni di posti di lavoro.

Non sarà un processo spontaneo, però. Per creare il clima favorevole agli investimenti «fra amici» ci vorranno grandi riforme. Quali? Visto da sinistra: Washington dovrà pianificare questo smantellamento-ridimensionamento della globalizzazione, il che significa che per certi aspetti dovremo assomigliare un po' di più a quei sistemi dirigisti che governano i nostri avversari. Visto da destra: lo Stato deve ritirarsi, sul modello del Texas o della Florida deve smantellare la burocrazia e alleggerire le tasse, affinché l'America torni a essere una terra accogliente per le tante imprese che fuggirono a investire in terre lontane. Il «*friend-shoring*» se perseguito seriamente è una rivoluzione, o una controrivoluzione, con l'inevitabile corredo di vincitori e perdenti. Qualunque sia la strada imboccata, dal successo della «nostra» America dipenderà la tenuta di tutto l'Occidente.

Indice

Introduzione. Che cosa pensate dell'America? 7
Alla riscoperta di un Paese 13
La prima volta negli States 17
Il secolo americano 23
Margaret Bourke-White 26
Il difficile rapporto con la storia 31
I padri pellegrini 35
America, oggi 40

1. Grande come un continente: un primo giro a volo d'uccello 46
Plasmati dall'immigrazione 52

2. The City That Never Sleeps 65
Il principe tassista 65
Introduzione alla Grande Mela 68
Il popolo delle mance 71
Hi, guys 75
Tagliarsi i capelli è un'esperienza olistica 77

Una città che soffre d'insonnia 80
New York sepolta 84
Una situazione delicata 87
Il ricordo di un'altra New York 89
Riaprono le frontiere, cambiano le abitudini 92
L'America odia New York 97

3. Fuga verso la Florida 101
Le estreme conseguenze del politicamente corretto 103
Un Paese spaccato 110
Il fascino della Florida 111
Il jolly della politica e scontri di civiltà 113

4. È il Paese dove tutti girano armati? 132
Lo spettacolo deve continuare 149

5. Essere giovani 156
Il bullismo ai tempi dei social 171

6. Questioni di soldi 174
Un esempio virtuoso 191
L'incubo della burocrazia italiana 194

7. La sanità più folle del mondo. E anche la migliore? 205
Falsi miti e pregiudizi 205
Le contraddizioni di una sanità privata 213
«Che voto daresti alla tua esperienza?» 216
La capitale mondiale delle malattie 219

Uno scenario da brividi 221
L'impreparazione davanti alla pandemia 224
Siamo quello che mangiamo 227
La salute è un problema da ricchi 238
Mille di questi anni 242

Conclusione. La «nostra» America 247
Italiani in America 249
Il mondo salvato dalle donne 254
Noi, loro, gli altri 259
Un sano e inaspettato patriottismo 264
Il patriottismo delle piccole cose 266
Isolazionismo, autoritarismo e antiamericanismo 273
Postglobalizzazione e «friend-shoring» 281

Questo libro è stampato fabbricato da Grafica Veneta S.p.A.
con un processo di stampa e rilegatura certificato 100% carbon neutral
in accordo con PAS 2060 BSI

Finito di stampare nel mese di giugno 2022
per conto di RCS MediaGroup S.p.A.
da Grafica Veneta S.p.A., via Malcanton 2, Trebaseleghe (PD)
Printed in Italy